Tone Merete Stenkløv
Miriam Nilsen Morken

Skandinavische Winterzeit

45 genähte Lieblingsstücke
zum Träumen

Bibliografische Information der Deutschen Nationalbibliothek
Die Deutsche Nationalbibliothek verzeichnet diese Publikation in der Deutschen Nationalbibliografie; detaillierte bibliografische Daten sind im Internet über http://dnb.d-nb.de abrufbar.

Wichtiger Hinweis
Die im Buch veröffentlichten Ratschläge wurden von Verfasserinnen und Verlag mit größter Sorgfalt erarbeitet und geprüft. Eine Garantie kann jedoch nicht übernommen werden. Ebenso ist eine Haftung der Verfasserinnen bzw. des Verlages und seiner Beauftragten für Personen-, Sach- oder Vermögensschäden ausgeschlossen.

Cappelen Hobby
www.cappelen.no/hobby

Titel der norwegischen Originalausgabe: Julegleder

Alle modeller og tegninger: Tone Merete Stenkløv og Miriam Nilsen Morken
Foto: Helge Eek
Styling: Helge Barnholt
Bokdesign: Charlotte.no

Deutsche Ausgabe:
Projektleitung: New Ground Publishing GmbH, Anja Fuhrmann
Übersetzung: Maike Dörries, Mannheim
Herstellung: Veronika Preisler
Satz: Wilhelm Vornehm, München

Umschlaglayout und -herstellung: griesbeckdesign, München

Druck und Bindung: Offizin Andersen Nexö Leipzig GmbH, Zwenkau

Printed in Germany

ISBN 978-3-426-64703-5

5 4 3

Bitte besuchen Sie uns auch im Internet unter der Adresse:
www.knaur-kreativ.de
und auf:
www.StichundStrich.de

Inhalt

Weiße Weihnacht 4
Dank 5
Nützliche Tipps 6
Techniken 7
Winterkranz 10
Große Spitztüte 12
Schnee-Engel 14
Weihnachtspost 18
Willkommensengel 20
Stoffkorb mit Krempe 25
Weiche Herzen 26
Großes Herz aus Holz 30
Kissen mit Herzmotiv 31
Weihnachtsmädchen mit Päckchen 32
Kaffeewärmer 35
Eierwärmersäckchen 36
Herzbild 37
Topflappen 38
Backhandtuch 39
Karierter Sack für Weihnachtskringel 41
Weihnachtskringel 41
Engelbild 42
Kugelherzen 42
  Kleines Herz 42
  Großes Herz 42
Zuckerstangen 44
  Zuckerstangensäckchen 44
  Genähte Zuckerstangen 45
Eiskratzerfäustling 46
Schneemänner und Weihnachtsbäume 49
Kronleuchter 52
Baum im Rahmen 55
Kissen mit gesticktem Baum 56
Spitztüten mit Namen 58
Feine Geschenkideen 60
  Rezeptbuch 60
  Kaffeetüte 60
  Kerzenbund 60
Miriams Fürstenkuchen 62
Genähte Mini-Weihnachtsbäume 63
Lange Strümpfe 65
Weihnachten im Fenster 66
Schneesternsocken 68
Schneeweiße Spitztüten 71
Weihnachtsmäuse 72
Geschenkesack 74
Pfefferkuchen aus Holz 77
Rezept für Pfefferkuchen 77
Weiche Pfefferkuchen 78
Weihnachtlicher Gewürzkuchen 78
Beutel für Ausstechformen 80
Kleine Spitztüten 82
Stoffbonbons 83
Engel aus Holz 84
Christbaumschmuck 87
Weihnachtsbaumdecke mit Gabensack 90
  Gabensack 91
Geschenkverpackungen 91
Hübsche Stoffverpackungen 92
  Säckchen mit Namen 92
  Säckchen mit Etikett 93
  Säckchen mit Fransen-Etikett 93
Weihnachtsgrüße an der Schnur 94
Kartenhalter 96
Päckchenanhänger 99
Adventsbaum 100
Sack mit »Stiefelchen« 102
Türkranz 104
Adressen und Bezugsquellen 106
Vorlagen 107

Weiße Weihnacht ...

Die Idee zu diesem Buch kam uns, nachdem wir uns etliche Jahre bei einer örtlichen Weihnachtsmesse engagiert hatten. Die dortige Nachfrage nach den Dingen, die wir produzieren, und auch, wie wir unsere Accessoires und Dekorationen anfertigen, war und ist immer sehr groß. So entstand der Gedanke, dass es doch nett wäre, all die Ideen in einem Buch zu zeigen und herauszugeben. Das Resultat halten Sie nun in Ihren Händen.

Weihnachten, das bedeutet für uns *Düfte, Geschenke, liebevoller Umgang miteinander, die Weihnachtsbotschaft, Farben*, und nicht zuletzt *Schnee*. Wir hoffen, etwas von alldem durch dieses Buch vermitteln zu können.

Düfte wie Zimt, Anis, Ingwer und Nelken sorgen für eine heimelige Atmosphäre im Haus. Wir haben einige unserer Lieblingsrezepte in die Sammlung aufgenommen und würden uns freuen, wenn der weihnachtliche Gewürzkuchen mit seinem ganz besonderen Duft auch Sie verführt. Oder wie wäre es mit frisch gebackenen Weihnachtskringeln mit Anis? Sie passen gut in die Adventszeit und sind ein hübsches Geschenk. Denn Schenken ist schließlich ein weihnachtlicher Höhepunkt.

Viele der von uns zusammengetragenen Ideen eignen sich wunderbar als *Weihnachtsgeschenke*, aber Sie können das alles natürlich genauso gern für sich selber als Winter- und Weihnachtsdekoration behalten. Es ist für jeden etwas dabei, für alte Hasen an der Nähmaschine und für Anfänger, mit jeder Menge Vorschläge und Geschenktipps. Wir haben auch ein paar Inspirationen für Geschenkverpackungen, Weihnachtskarten und Päckchenanhänger gesammelt.

Die Weihnachtsbotschaft erinnert uns daran, warum wir Weihnachten feiern. Und ein Teil der Botschaft ist der *sorgsame Umgang miteinander*. Legen Sie besondere Sorgsamkeit in das Einpacken Ihrer Geschenke. Als Verpackung für Weihnachtskringel zum Beispiel eignet sich bestens ein schlichtes, hübsches Stoffsäckchen. Und eine Topfpflanze macht sich gut in einem Stoffkorb mit Krempe. Die Verpackung ist dann bereits ein eigenes Geschenk. Und es ist noch da, wenn die Kringel gegessen sind und die Pflanze verblüht ist.

Die traditionellen *Weihnachtsfarben* sind Rot, Weiß und Grün. Wir verwenden hin und wieder Stoffe, die nicht jeder unbedingt mit Weihnachten verbindet, und wir haben uns die Freiheit genommen, die Weihnachtsfarben mit Braun und Türkis zu kombinieren. Es steht Ihnen natürlich völlig frei, die Projekte in genau den Farben zu nähen, die für Sie Weihnachten bedeuten.

Für uns, die wir in den Bergen wohnen, gehört Schnee zur richtigen Weihnachtsstimmung einfach dazu. Die schneeweißen Spitztüten, Schnee-Engel und Winterkränze sind vom Winter in Oppdal inspiriert. Wenn es dort, wo Sie leben, nicht so viel Schnee gibt, lassen Sie sich einfach von Helge Eeks wunderschönen Winterbildern in die richtige Weihnachtsstimmung versetzen.

Willkommen zum Spaziergang durch unser Buch und eine schöne Vorweihnachtszeit!

Frohe Weihnachten wünschen
Miriam und Tone

Dank

Ein herzliches Dankeschön an die Kreativ-Redaktion bei Cappelen Damm und Toril Blomquist, die uns ermöglicht hat, dieses Buch zu veröffentlichen. Einen Dank an den Stylisten Hege Barnholt und den Fotografen Helge Eek für die gute Zusammenarbeit. Danke Kathrine, aus *Kathrines Quiltstube*, für die wunderschönen Stoffe. Es ist immer wieder ein Vergnügen, in deinem Laden zu stöbern.
Egil, was hätten wir ohne dich und deine Tischlerwerkstatt gemacht. Dank für all die Stunden, die du für uns erübrigt hast. Dank auch an Sonja von *Husfliden Oppdal* für Stoffe und andere Materialien und die gute Zusammenarbeit. Dank an das *Sømsenteret A/S v/Håvard Kilde* für die Unterstützung beim Kauf der Nähmaschine. Ein Dankeschön an Frank Smed für geschmiedete Aufhänger, an Hildegunn von *Muchmore* für Papier und Stempelausrüstung.
Einen Dank auch an alle lieben Freunde für Ideen und Vorschläge, und an unsere Familien, die an unser Projekt geglaubt und uns immer unterstützt haben.
Einen besonderen Dank an *Bakker Gjestegård*, deren wunderschöne Lokalitäten wir als Hintergrund für viele unserer Bilder nutzen durften. Und zuletzt einen Dank an all diejenigen, die uns Requisiten für die Fotos zur Verfügung gestellt haben.

Nützliche Tipps

STOFFE

Für die meisten Modelle in diesem Buch werden unterschiedlich gemusterte Baumwollstoffe verwendet, aber auch Leinen, z. B. für Spitztüten, Eiskratzer und viele Applikationen. Die grobe Struktur des Leinens eignet sich gut für kleine Herzen und Sterne. Leinen lässt sich besser formen und sorgt für eine »gute Figur« bei den Objekten. Sehr schön arbeiten lässt es sich auch mit einem fertig wattierten, gequilteten Leinenstoff. Als Hautstoff für die Figuren werden verschiedene helle Baumwollstoffe verwendet. Für einen besonderen Effekt bei einigen Modellen ist mit Kunstpelz genäht worden.

VLIESELINE UND VLIES

Vliesofix – wird verwendet, wenn ein Motiv auf einen anderen Stoff appliziert werden soll. Vliesofix hat zwei Klebeseiten. Es wird zuerst auf die Rückseite des Motivstoffs gebügelt, ehe man das Papier über der anderen Klebeseite abzieht und das Motiv einfach auf den gewünschten Stoff bügelt.

Volumenvlieseline – Faservlies mit einer Klebeseite, zum Verstärken und Polstern.

Quiltvlies – dieses Vlies wird u. a. benötigt, wenn ein Motiv auf den Stoff gestickt werden soll. Das Vlies gibt es in unterschiedlichen Stärken, als Stickunterlage nimmt man am besten dünnes Vlies.

SPERRHOLZ UND HOLZPRODUKTE

Für die Herzen, Engel, Pfefferkuchen und Weihnachtsbäume werden Sperrholzplatten in 4 mm Dicke verwendet. Für den Adventsbaum (s. S. 100) wurde ein Holzbrett mit 18 mm Dicke bearbeitet, das man in allen Baumärkten bekommt. Zum Aussägen der Figuren benötigt man eine Stichsäge.

VORLAGEN

Alle Vorlagen sind ohne Naht- oder Saumzugabe angegeben. Die Naht- oder Saumzugabe beträgt grundsätzlich 0,7 cm, wenn nichts anderes angegeben wird. Wenn Schnittmaße angegeben sind, fällt die Naht- oder Saumzugabe weg.

Einige Modelle, z. B. die Sterne, haben spitze Winkel oder gebogene Ränder. Diese Modelle näht man am besten mit kurzer Stichlänge. Kürzen Sie nach dem Nähen die Nahtzugabe auf 3 mm und schneiden Sie ein paar Kerben in die Nahtzugabe, bevor Sie das Modell wenden.

Vor dem Übertragen der Figuren aus der Vorlage wird der Stoff doppelt gelegt. Damit erspart man sich, die Figur ausschneiden zu müssen, bevor man sie an den Stofflagen entlang der Umrisslinie zusammennäht. Wenn es Ihnen zu umständlich ist, die Vorlage auf den Stoff zu übertragen, können Sie sie auch direkt mit Stecknadeln am Stoff befestigen und darum herumnähen. Die Nahtzugabe gleichmäßig kurz schneiden. Über der Wendeöffnung mehr Nahtzugabe stehen lassen.

VORLAGEN ÜBERTRAGEN

Vorlagen für Stickmotive können mit einem Permanent Marker oder mit einem löslichen Stift übertragen werden, bei dem die Linien nach einer Weile von selbst verschwinden. Solche Stifte gibt es in Bastel- und Stoffläden zu kaufen. Falls die Vorlage nicht durch den Stoff zu erkennen ist, kann man die Vorlage auch mit Tesafilm ans Fenster kleben, den Stoff darüberlegen und die Vorlage abzeichnen.

Soll die Vorlage auf einen dunklen Stoff übertragen werden, empfehlen wir Transfer-Papier, das es in verschiedenen Farben gibt. Dazu legt man das Transfer-Papier zwischen Vorlage und Stoff und zieht die Linien der Vorlage mit einem Stift nach. Genauso gut können Sie auch eine Folienschablone anfertigen und mit einem weißen Marker um die Konturen herumzeichnen.

Auf helle Stoffe haben wir die Vorlagen mit einem Permanent Marker übertragen, einem PIGMA MICRON, Dicke 0,2 mm. Er sollte nicht zu dick sein. Nehmen Sie einen löslichen Stift, wenn Ihnen das lieber ist, denn damit verschwinden die Markierungen nach ca. 48 Stunden von selbst. Es gibt auch Marker für helle Stoffe: Hierbei überträgt man das Motiv auf Pergamentpapier und bügelt es dann auf den Stoff.

Techniken

APPLIKATIONEN

Die Applikationsmotive sind in der Vorlage spiegelverkehrt abgebildet. Wenn sie auf den Stoff appliziert werden, liegen sie richtig herum.

1. Zeichnen Sie das Motiv auf die Papierseite des Vliesofix.
2. Schneiden Sie die Stoffstücke großzügig aus und legen Sie die Klebeseite auf die Rückseite des gewünschten Stoffes. Festbügeln.
3. Schneiden Sie das Motiv sorgfältig aus.
4. Entfernen Sie das Papier auf der Rückseite.
5. Plazieren Sie das Motiv an der gewünschten Stelle und bügeln Sie es fest.
6. Umsticken Sie das Motiv im Langettenstich.

Wenn mehrere Motive sich überlappen sollen, sollten die Stoffe mindestens 5 mm übereinanderliegen. Dann genügt es, eine Naht zu nähen. Legen Sie die Teile in der richtigen Reihenfolge auf den Stoff, ehe Sie sie festbügeln.

BORTE

Schneiden Sie einen 5,5 cm breiten Stoffstreifen zu, falten Sie ihn der Länge nach und bügeln Sie ihn (rechte Seite außen). Legen Sie den Streifen mit der offenen Seite rechts auf rechts an die Stoffkante, die eingefasst werden soll. Beginnen Sie mit der Naht in der Mitte einer Längskante, weil es schwierig ist, den Streifen exakt über einer Ecke zu plazieren. Beginnen Sie mit der Naht ca. 5 cm vom Ende des Stoffstreifens. Nähen Sie mit der üblichen Nahtzugabe 0,7 cm und nähen Sie etwa 0,7 cm bis vor die nächste Ecke. Drehen Sie den Stoff so in der Maschine, dass die untere Ecke auf sie zeigt, und nähen Sie in einem 45°-Winkel ein kleines Stück in die obere Ecke hinein (s. Abb. A). Falten Sie den Stoffstreifen im rechten Winkel nach oben (s. Abb. B) und dann so wieder nach unten, dass er mit der nächsten Stoffkante abschließt. Nähen Sie den Streifen bis zur nächsten Ecke an der Kante fest (Abb. C) und fahren Sie so um das einzurahmende Stück fort.

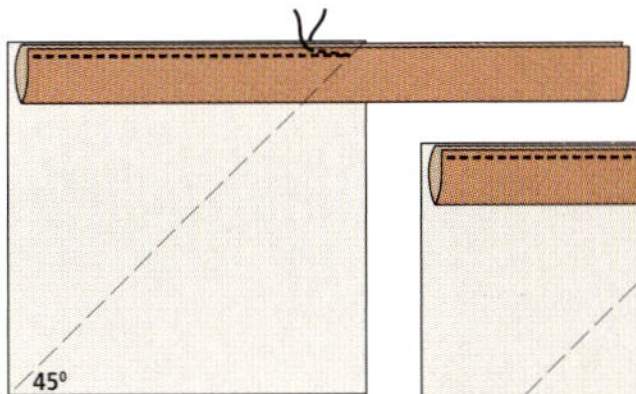

A

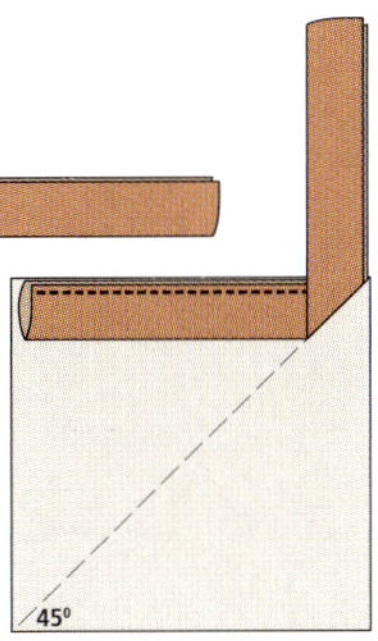

B

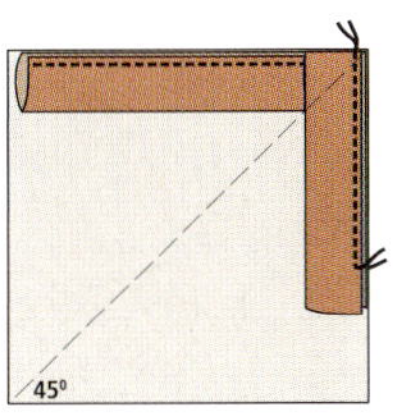

C

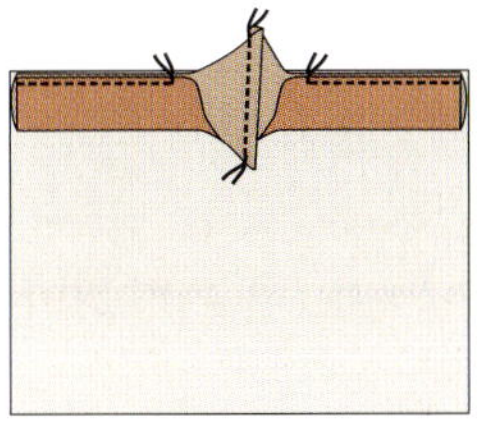

D

Wenn Sie die Runde geschafft haben, müssen die Streifenenden zusammengenäht werden. Beenden Sie die Naht ca. 10 cm vor der Stelle, an der Sie begonnen haben und nehmen Sie die Arbeit aus der Maschine. Legen Sie die Enden des Streifens so zusammen, dass sie aneinanderstoßen. Klappen Sie die Streifen nach hinten und drücken Sie die Kanten mit den Fingern aneinander, so weit es geht. Nähen Sie die Kanten im Knick zusammen, schneiden Sie den überschüssigen Stoff an den Streifen weg und streichen Sie den Stoff glatt. Nähen Sie das letzte Stück des Streifens fest.

E

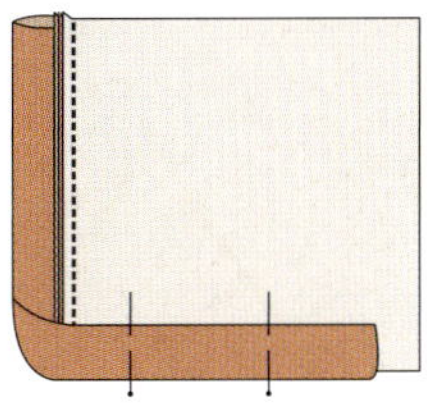

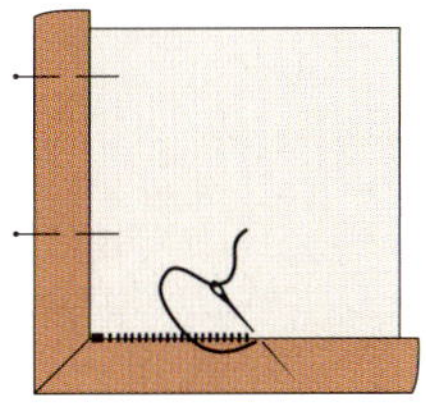

F

Schlagen Sie den Streifen über die Kante und nähen Sie ihn mit der Hand auf der Rückseite fest. An der Ecke angekommen, wird die Kante mehr oder weniger von allein nach hinten umklappen.

SÄUME

Schlagen Sie den Stoff an der Schnittkante 1,5 cm nach hinten um und bügeln Sie den Umschlag. Falten Sie den Umschlag wieder auf und falten Sie die Schnittkante an die Bügelfalte. Wieder bügeln. Schlagen Sie die umgeschlagene Kante noch einmal nach hinten ein und nähen Sie die Naht dicht am Rand entlang (s. Abb. A, S. 32).

STICKEN

Für die gestickten Motive in diesem Buch wurden DMC Stickgarne benutzt. Wenn nicht anders angegeben, sind sie mit zwei Fäden gestickt. Es gibt eine breite Auswahl an Stickgarnen und Seidengarnen, die sich fürs Sticken eignen. »Teile zusammenheften« bedeutet, dass Stofflagen mit Heftstichen zusammengenäht werden, damit sie beim Sticken nicht verrutschen. Diese Fäden werden nach Fertigstellung der Arbeit wieder entfernt.

ÜBERSICHT STICKSTICHE

Alle Ziernähte in diesem Buch können mit der Hand genäht oder gestickt werden. Wer eine gut ausgerüstete Nähmaschine besitzt, kann Langettenstiche und andere Ziernähte aber auch mit der Maschine nähen.

Langettenstich

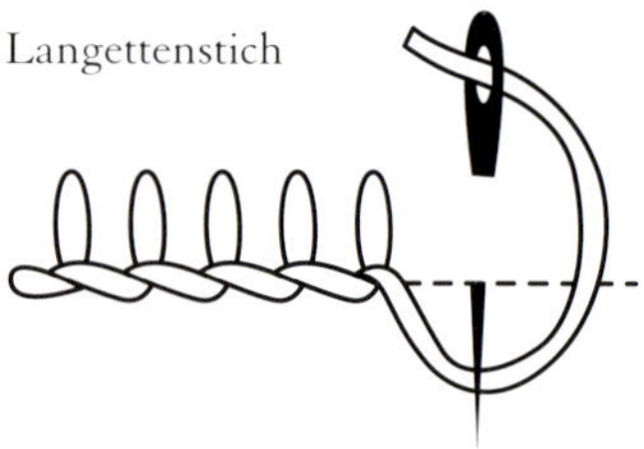

Knötchenstich

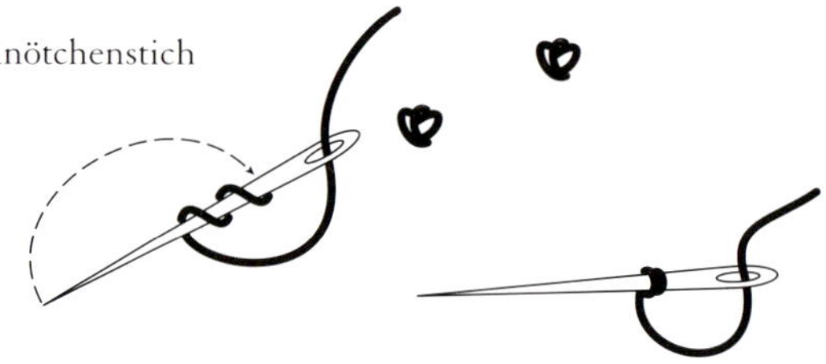

Stielstich

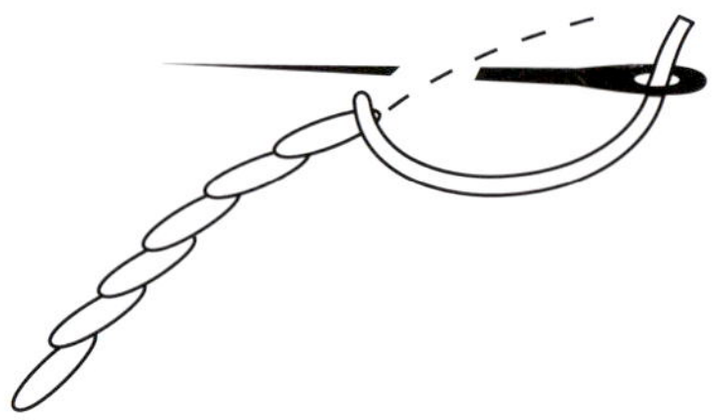

Margeritenstich

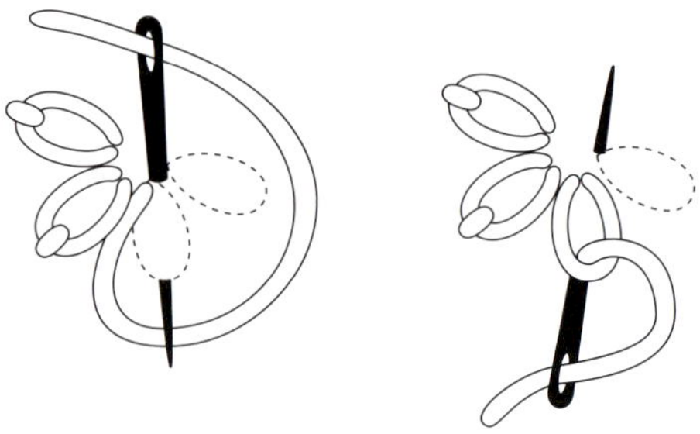

Rückstich

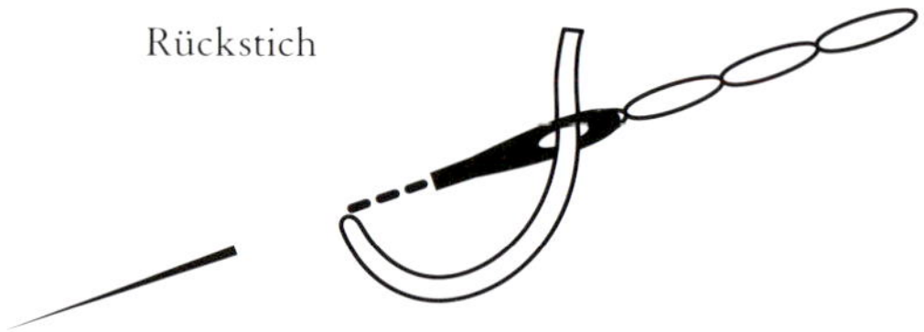

Vorstich

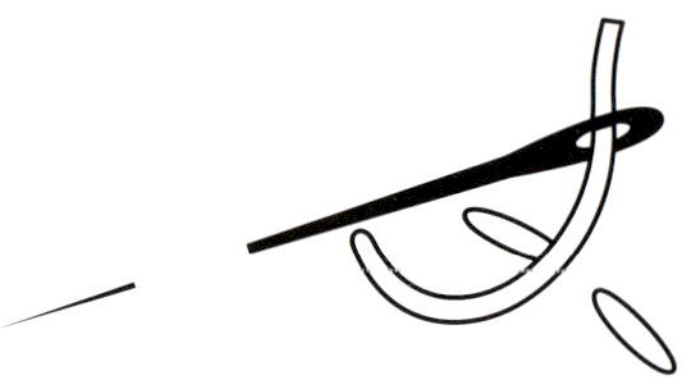

Plattstich

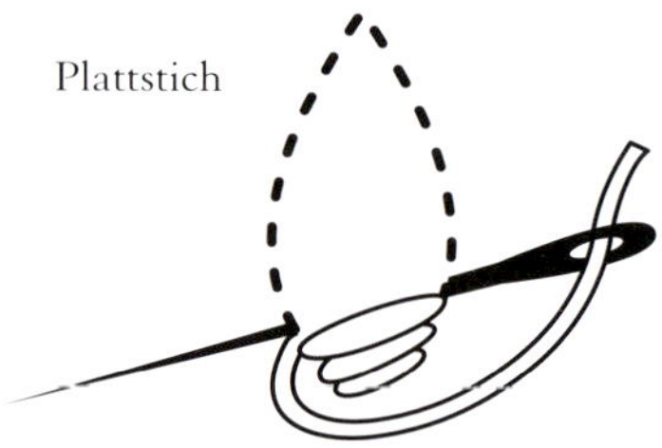

STEMPEL UND PAPIER

Stempel und Stempelausrüstung bekommt man in vielen gutsortierten Bastelläden. Außerdem findet man im Internet zahlreiche Shops, die Stempel und Papier verkaufen. Der Karton für die Karten sollte 200 g/m² haben. Das Deko-Papier kann ruhig dünner sein.

Für den Vintage-Touch der Karten sind Distress-Stempelkissen verwendet worden. Das sind sogenannte Hybridkissen mit spezieller Tinte, die Papier und Fotos eine nostalgische Patina verleihen. Die originale Farbe bleibt selbst dann erhalten, wenn das Papier mit Wasser in Berührung kommt. Das beste Resultat erzielt man, wenn man die Tinte mit einem Schwamm auftupft. Drücken Sie den Schwamm immer vorsichtig auf das Stempelkissen und danach vorsichtig auf das Papier. Für das Stempeln auf Holz nimmt man permanente Stempelkissen. Die Farbe ist wasserfest und trocknet langsam auf allen Unterlagen.

EMBOSSING

Bei allen Projekten mit Sperrholz, die mit Stempelmotiven verziert sind, wird die Embossing-Technik angewendet. Bei dieser Technik ist der Stempelabdruck erhöht. Ein empfehlenswertes Stempelkissen für diese Technik ist VersaMark. Damit kann man einen transparenten Abdruck machen, der lange feucht bleibt. Darüber hinaus benötigen Sie Embossingpulver, das es in vielen Farben und unterschiedlichen Mengen gibt.

Drücken Sie zuerst den Stempel auf das Stempelkissen und danach auf die Unterlage, auf der das Motiv zu sehen sein soll. Streuen Sie Embossingpulver über das Stempelmotiv, bis es ganz bedeckt ist. Schütten Sie das überschüssige Pulver auf ein in der Mitte gefaltetes Blatt Papier. Mit Hilfe des Falzes ist es einfacher, das Pulver zur weiteren Verwendung wieder zurück in den Behälter zu füllen. Das Motiv wird dann mit einer Heizpistole o. Ä. erhitzt, bis es schmilzt. Wenn Sie keine Heizpistole haben, können Sie das Motiv auch über einen Toaster oder eine Kochplatte halten. Achten Sie darauf, dass das Embossingpulver komplett schmilzt.

STEMPELN AUF TEXTILIEN

Fürs Stempeln auf Textilien werden spezielle Textilstempelkissen verwendet. Die Farbe lässt sich bügelfixieren und bei 40 °C waschen. Die besten Resultate erhält man auf hellen Stoffen.

Winterkranz

Wählen Sie verschiedene helle Stoffe, legen Sie sie doppelt rechts auf rechts, und übertragen Sie fünf kleine und fünf große Sterne aus der Vorlage. Markieren Sie die Wendeöffnung und nähen Sie die Sterne entlang der Umrisslinien zusammen. Schneiden Sie die Sterne aus, entfernen Sie die überschüssigen Nahtzugaben und schneiden Sie um die Ecken und Winkel Kerben in den verbleibenden Saum. Wenden und bügeln Sie die Sterne, füllen Sie sie mit Watte und nähen Sie die Wendeöffnung zu. Verteilen Sie die Sterne auf dem Kranz, abwechselnd groß und klein, und kleben Sie sie mit der Klebepistole fest.

SIE BRAUCHEN

Zweigkranz,
Durchmesser ca. 40 cm
Diverse helle Stoffe
Füllwatte
Klebepistole

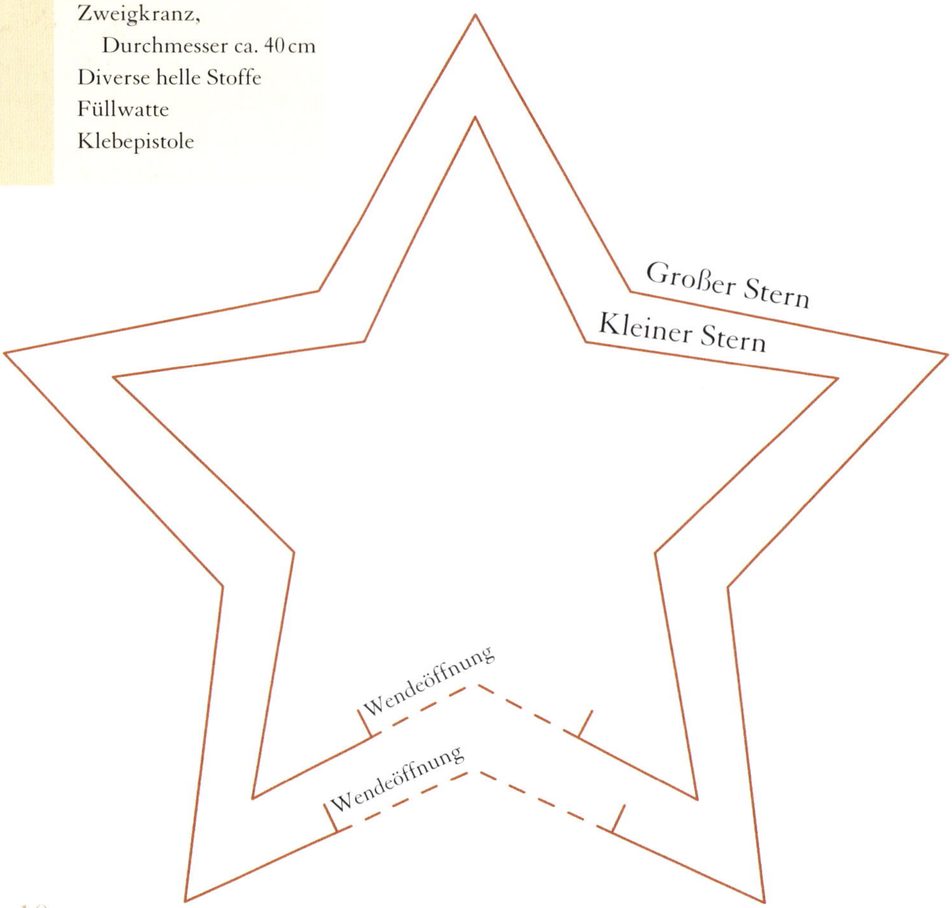

TIPP

Der Kranz eignet sich den ganzen Winter über als hübsche Dekoration, zu Weihnachten kann man ein mit »Frohe Weihnachten« beschriftetes Schild anhängen.

GOD JUL

Große Spitztüte

Die Vorlage finden Sie auf dem Schnittmusterbogen hinten im Buch.

Spitztüten im Shabby-Chic-Stil. Die Gesamtlänge mit Henkel beträgt 93 cm.

Legen Sie den Stoff für Spitztüte und Pelzrand doppelt und übertragen Sie die Vorlage so auf den Stoff, dass die mit Stoffbruch gekennzeichnete Seite an der Bruchkante des Stoffes anliegt. Schneiden Sie ein Spitztütenteil aus Leinenstoff und ein Teil aus dem Innenfutterstoff aus. Schneiden Sie den Pelzrand zu.

HENKEL
Schneiden Sie einen Stoffstreifen von 8 x 55 cm zu, dazu einen Streifen Vliesofix von 4 x 55 cm. Bügeln Sie den Vliesofixstreifen mittig auf den Stoffstreifen. Entfernen Sie das Papier vom Vliesofix und falten Sie den Stoffstreifen auf beiden Seiten über die Kante zur Mitte. Bügeln Sie den Henkel, der jetzt 4 cm breit ist. Nähen Sie über die Naht, wo die beiden Stoffkanten zusammenstoßen, ein Samtband, mit je einer Naht an beiden Längskanten.

SIE BRAUCHEN

- Leinenstoff
- Stoff fürs Innenfutter
- Kunstpelz
- Vliesofix
- Samtband

ZUSAMMENNÄHEN
Schlagen Sie die untere Pelzkante 1 cm nach hinten um und nähen Sie den Umschlag per Hand fest. Legen Sie den Pelzstreifen mit der linken Seite auf die rechte Seite des Stoffteils. Legen Sie nun den Henkel mit der rechten Seite an den markierten Stellen auf den Pelz (s. Abb. A).
Legen Sie den Innenfutterstoff mit der linken Seite nach oben darauf und nähen Sie die Lagen am oberen Bogen der Spitztüte zusammen. Ziehen Sie nun die Spitzen beider Teile so auseinander, dass die Bogennaht mittig verläuft, falten Sie das Ganze rechts auf rechts und nähen Sie die Seitennaht zusammen, lassen Sie aber eine Öffnung zum Wenden (s. Abb. B).
Die Nahtzugabe auseinanderbügeln. Wenden Sie die Spitztüte und nähen Sie die Öffnung per Hand zu. Drücken Sie das Innenfutter in die Spitztüte. Bügeln Sie den Futterstoff direkt unter dem Pelzrand nach unten.

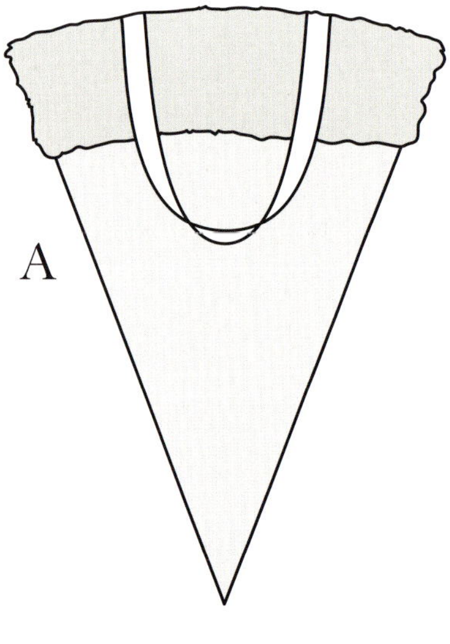
A

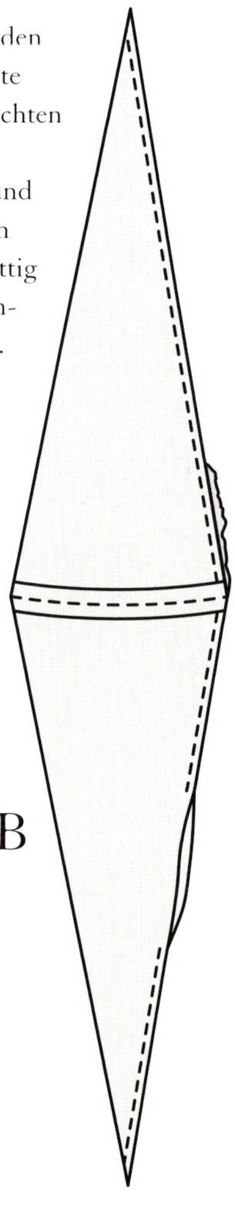
B

Eine etwas kleinere Ausgabe der Spitztüte finden Sie auf S. 70.

Schnee-Engel

Die Vorlage finden Sie auf der nächsten Seite.

SIE BRAUCHEN

- Baumwollstoff für den Körper
- Leinenstoff
- Kunstpelz
- Garn
- Stickgarn
- Granulatkügelchen oder Reis für die Füllung
- Füllwatte

KÖRPER

Legen Sie den Hautstoff doppelt und übertragen Sie Körper, Arme und Beine aus der Vorlage (s. Abb. A). Schneiden Sie das Bodenstück aus einer einfachen Lage Stoff zu. Nähen Sie die Arme und Beine (s. Abb. A) entlang der Umrisslinie zusammen. Schneiden Sie die Teile aus und denken Sie an die extra Nahtzugabe an den Öffnungen. Schneiden Sie die überschüssige Nahtzugabe weg und kleine Kerben in die Nahtzugabe, wo die Naht einen Knick macht, bevor Sie die Arme und Beine wenden und bügeln. Alle Teile mit Watte füllen. Den oberen Teil der Arme nicht füllen, damit sie beweglich bleiben. Legen Sie die Arme an den markierten Stellen mit den offenen Enden zum Rand zwischen die Körperteile (s. Abb. B). Nähen Sie die Körperteile entlang der Umrisslinie zusammen. Wendeöffnung nicht vergessen. Schieben Sie nun die Beine mit den Füßen voraus an den markierten Stellen in den Körper (s. Abb. C). Nähen Sie das obere offene Ende der Beine mit Heftstichen an den vorderen Körperteil, das macht es einfacher, den Boden festzunähen. Schieben Sie die Füße durch die Wendeöffnung, wenn Sie den Boden rechts auf rechts in die untere Körperöffnung nähen. Wenden Sie nun den Körper. Füllen Sie Granulatkügelchen (oder ersatzweise Reis) in den Boden des Körpers, damit die Figur unten etwas schwerer ist und beispielsweise auf einem Regalbrett sitzen kann. Den Rest der Figur mit Watte füllen und die Wendeöffnung zunähen.

KLEID

Legen Sie den Stoff doppelt, übertragen Sie die Vorlage für Passe, Rock und Ärmel und schneiden Sie die Teile aus. Schlagen Sie am oberen Rockrand links und rechts von der Mitte zwei Falten ein, so dass er die gleiche Breite wie die Unterkante der Passe hat. Wiederholen Sie das mit dem zweiten Rockteil und der zweiten Passe. Nähen Sie Rock und Passe zusammen. Legen Sie die Rock-Passe-Teile rechts auf rechts aufeinander und nähen Sie das Kleid an den Schultern zusammen. Bügeln Sie die Nahtzugabe. Falten Sie die Teile auseinander und nähen Sie die Ärmel an (s. Abb. D). Legen Sie die Kleidteile rechts auf rechts übereinander und nähen Sie die Seiten zusammen (s. Abb. E). Wenden Sie das Kleid. Bügeln Sie die Nahtzugabe um den Halsausschnitt mit etwas Vliesofix nach innen. Schlagen Sie am unteren Ärmelrand einen schmalen Saum ein. Nähen Sie den Saum mit zwei Fäden Stickgarn mit Zier-Steppstichen fest und kräuseln Sie ihn leicht, indem Sie den Heftfaden zusammenziehen. Jetzt der Figur das Kleid anziehen, die Ärmelfäden zusammenschnüren und verknoten. Schlagen Sie die untere Rockkante 1 cm nach innen um und befestigen Sie den Umschlag mit Vliesofix. Schneiden Sie einen Pelzstreifen von 4 x 37 cm zu. Legen Sie den Pelz unter den Rocksaum und nähen Sie ihn mit kurzen Zierstichen fest (2 Fäden Stickgarn). Nähen Sie zur Verzierung einen Knopf an das Kleid.

FLÜGEL

Legen Sie den Stoff für die Flügel doppelt rechts auf rechts und eine Lage Vlies darunter. Übertragen Sie die Flügel aus der Vorlage, markieren Sie die Wendeöffnung und nähen Sie die Lagen entlang der Umrisslinie zusammen. Schneiden Sie die Flügel aus und schneiden Sie kleine Kerben in die Nahtzugabe. Wenden und bügeln Sie die Flügel. Schließen Sie die Wendeöffnung und nähen Sie die Flügel an die Figur.

GESICHT UND HAAR

Anleitung s. S. 22.

A

B

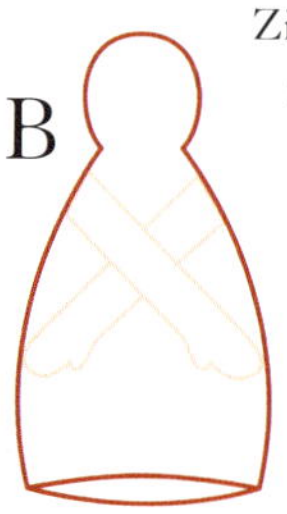

C

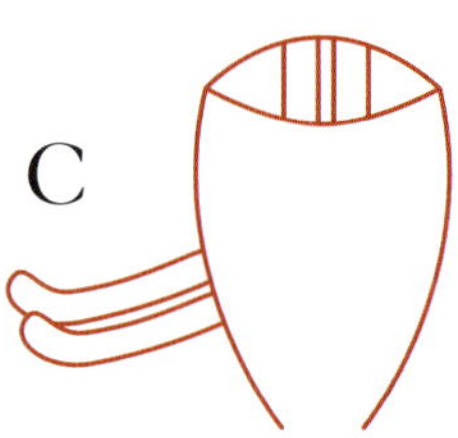

D

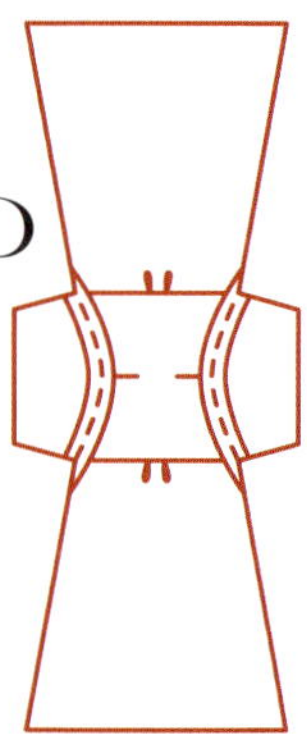

E

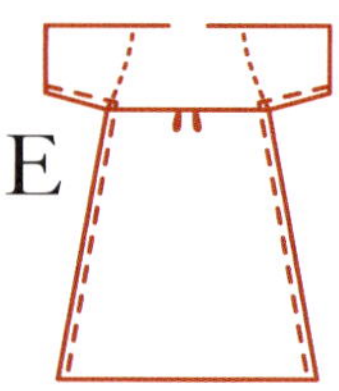

Vorlage für den Schnee-Engel

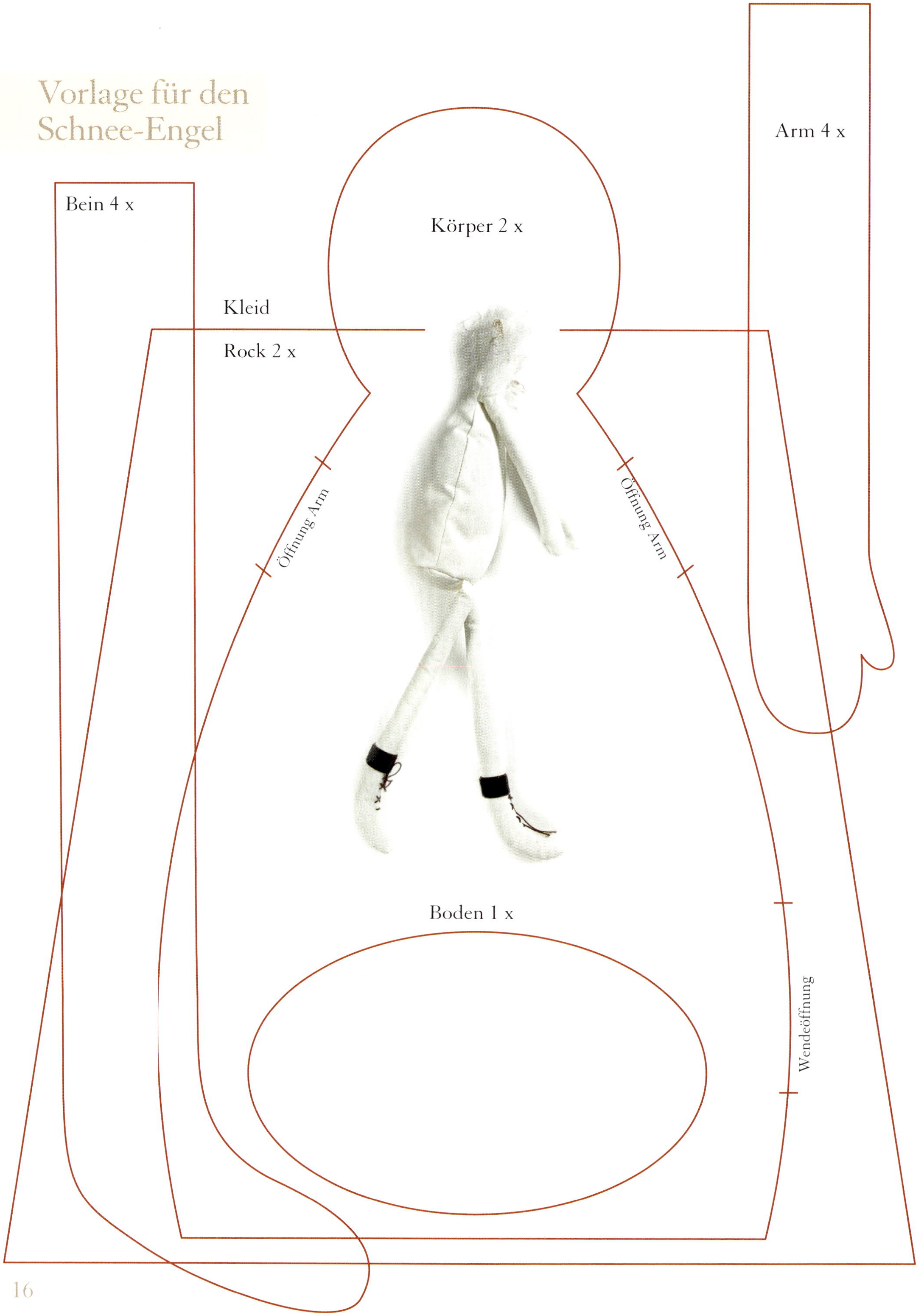

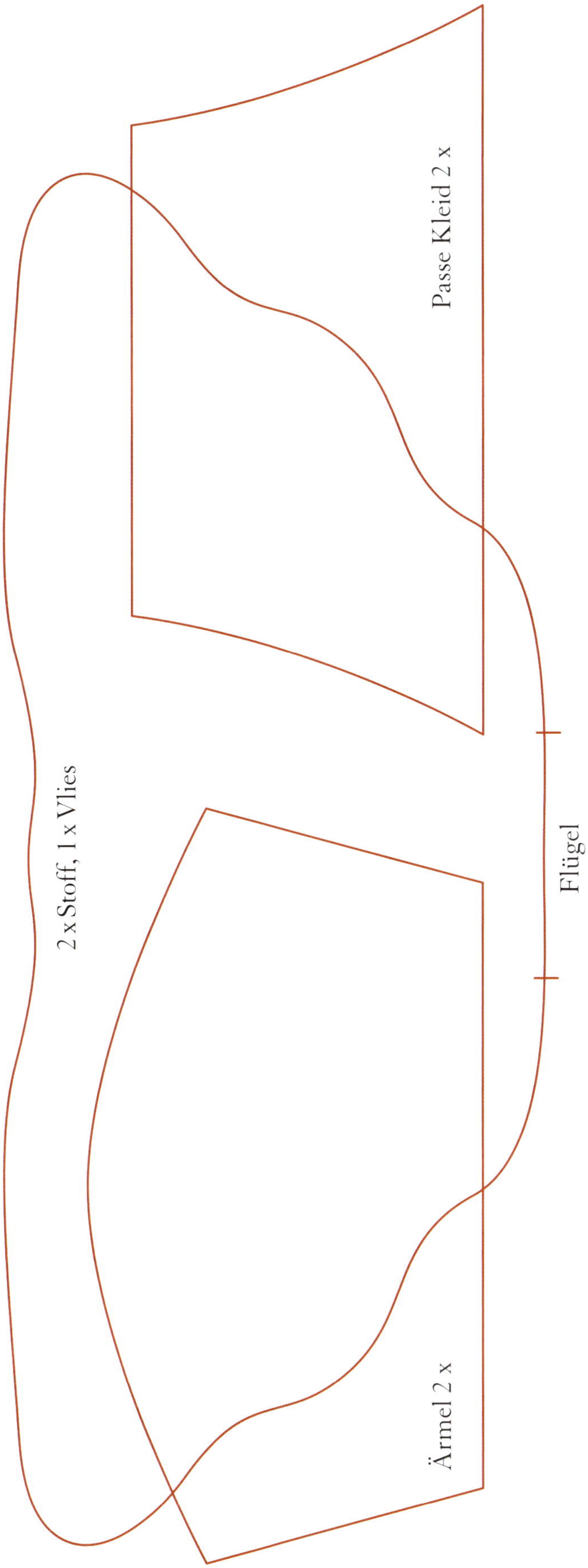
Passe Kleid 2 x
2 x Stoff, 1 x Vlies
Flügel
Ärmel 2 x

Weihnachts-post

SIE BRAUCHEN

Stoff für Briefbeutel
Stoff für Futter
Stoff für Borte
Heller Baumwollstoff
Quiltvlies
Knöpfe
Stickgarn
Ringe

Schneiden Sie für das Vorderteil des Briefbeutels ein Stück Stoff 30 x 20 cm zu, für die Taschenlasche 16 x 20 cm, danach in den gleichen Maßen zwei Futterteile. Für das Stickmotiv schneiden Sie einen hellen Stoff 14 x 18 cm und ein Stück Quiltvlies 12 x 16 cm zu. Dann schneiden Sie einen Stoffstreifen von 5,5 x 22 cm und einen von 5,5 x 115 cm für die Borte zu.

TASCHE
Übertragen Sie das Stickmotiv auf den hellen Stoff (s. S. 6). Legen Sie den Quiltvlies mittig unter den Stoff und sticken Sie das Motiv. Falten und bügeln Sie 1 cm Stoff um die Vlieskante nach hinten. Stecken Sie das fertig gestickte Stoffstück mit Stecknadeln auf den Stoff für die Taschenlasche. Nähen Sie das Stickmotiv knappkantig (3 mm) mit einer Ziernaht im Vorstich auf den hellen Stoff auf die Taschenlasche. Nähen Sie in jede Ecke des hellen Stoffes einen Knopf. Legen Sie nun den Taschenteil auf den Futterteil und steppen Sie die Lagen so zusammen, dass sie nicht verrutschen. Nähen Sie eine Borte an die obere Taschenkante (Anleitung s. S. 7).

Legen Sie die Vorderseite und ein ebenso großes Futterteil links auf links aufeinander. Legen Sie dann die Taschenlasche auf den Stoff, streichen ihn glatt, stecken ihn mit Nadeln fest und nähen die Lagen mit Heftstichen zusammen. Nähen Sie eine Borte um den gesamten Briefbeutel. Bringen Sie am oberen Rand der Rückseite zwei Ringe als Aufhänger an. Zur Dekoration können Sie noch ein paar Knöpfe an den oberen Teil nähen oder Tannenzapfen und einen Stoffstern anhängen.

POST
POST

Willkommensengel

Die Vorlage für den Engel finden Sie auf dem Schnittmusterbogen und für den Weihnachtsbaum auf S. 107 hinten im Buch.

SIE BRAUCHEN

- Hellen Stoff für Kopf und Beine
- Stoff für Körper und Arme
- Stoff für Weihnachtsbaum
- Wollfilz für Schuhe und Schal
- Plüschstoff für Handschuhe
- Kunstpelz
- Füllwatte
- Zweig
- Knopf
- Wollgarn
- Sperrholz
- Klebepistole
- Granulatkügelchen oder Reis

KÖRPER

Schneiden Sie den Boden aus hellem Stoff aus. Schneiden Sie ein Stück Stoff von 17 x 32 cm für den Körper zu, ein Stück hellen Stoff von 8,5 x 32 cm für den Kopf und ein Stück hellen Stoff von 10 x 32 cm für den unteren Teil des Körpers. Nähen Sie die Stoffstücke zusammen (s. Abb. A). Die Nahtzugaben bügeln. Falten Sie die zusammengenähten Stoffstreifen rechts auf rechts (s. Abb. B) und übertragen Sie den Körper der Figur so auf den Stoff, dass die Nähte sich mit den Markierungen in der Vorlage decken (s. Abb. B). Markieren Sie die Wendeöffnung und nähen Sie den Körper bis auf den Boden und die Wendeöffnung entlang der Umrisslinie zusammen.

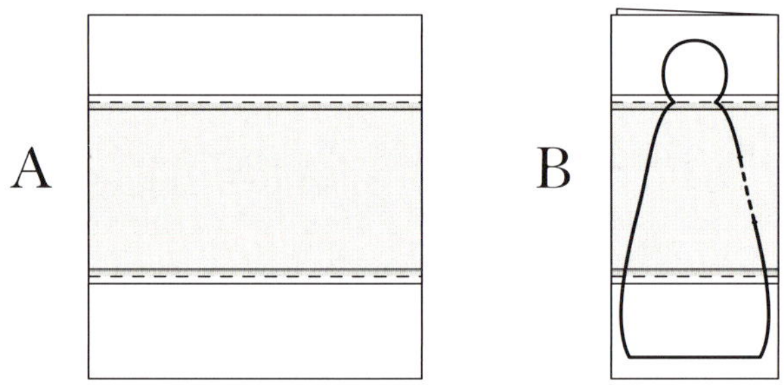

BEINE

Legen Sie den Wollfilz doppelt und schneiden Sie die Teile für zwei Schuhe aus. Schneiden Sie zwei Teile hellen Stoff (wie für den Körper) von 8,5 x 30 cm zu. Legen Sie zwei Schuhteile übereinander und nähen Sie eine Naht von ca. 5 cm (s. Abb. C). Verfahren Sie mit dem zweiten Schuh genauso. Falten Sie die beiden Schuhteile auseinander und nähen Sie sie mit dem hellen Stoff für die Beine zusammen (s. Abb. D). Falten Sie das Bein der Länge nach und nähen Sie die offene Seite von den Schuhen bis zur oberen Beinöffnung zusammen. Wenden, bügeln und die Beine mit Watte füllen.

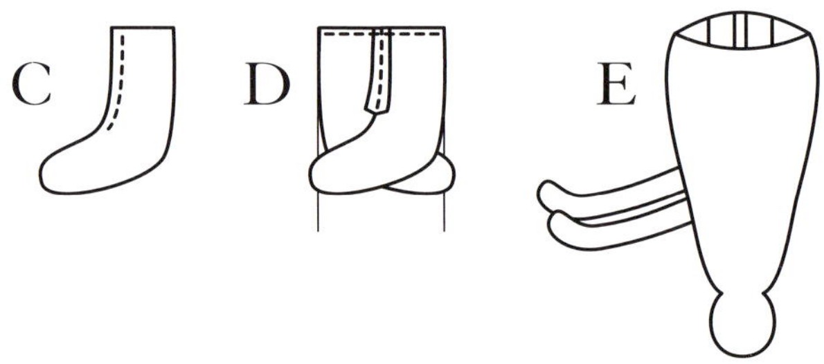

Schieben Sie die Beine mit den Füßen voran an den Markierungen in den Körper (s. Abb. E). Heften Sie die Beine so fest, dass sie beim Annähen des Bodens an der richtigen Stelle sind. Schieben Sie die Füße durch die Wendeöffnung, wenn Sie den Boden annähen. Nähen Sie den Boden an, wenden Sie die Figur und bügeln Sie den Körper. Füllen Sie den Boden mit Granulatkügelchen oder Reis und den Rest des Körpers mit Füllwatte. Nähen Sie die Wendeöffnung zu.

Die Anleitung für den Stoffkorb mit Krempe finden Sie auf S. 25.

ARME
Nähen Sie ein Stück Plüschstoff für die Handschuhe von 8x25cm und ein Stück Stoff für die Arme von 18x25cm zusammen. Bügeln Sie die Nahtzugabe auseinander. Falten Sie den Stoff rechts auf rechts und übertragen Sie die Arme aus der Vorlage, so dass die Naht und die Markierungen in der Vorlage sich decken. Nähen Sie die Stofflagen bis auf die obere Öffnung zusammen (s. Abb. F). Schneiden Sie die Teile aus. Wenden, bügeln und füllen Sie die Arme. Falten Sie die Nahtzugabe der oberen Armöffnungen nach innen ein und heften Sie die Arme an den Körper.

F

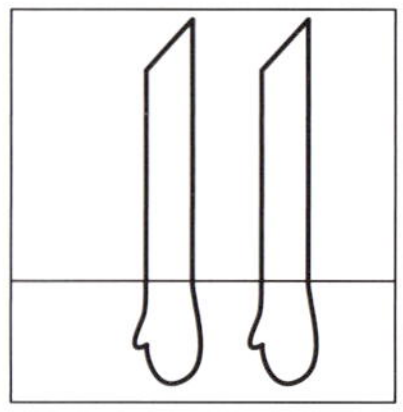

G

GESICHT/HAAR
Schneiden Sie 14cm lange Wollfäden zu. Legen Sie die Fäden über den Kopf und befestigen Sie das Haar mit Heftstichen von der Stirn bis zum Hinterkopf. Binden Sie kleine Rattenschwänze. Malen Sie mit einem wasserfesten, nicht zu dicken Stift die Augen. Für die roten Wangen tragen Sie mit einem Pinsel rosa Farbe vom Stempelkissen auf.

FLÜGEL
Legen Sie den Stoff rechts auf rechts doppelt und eine Lage Vlies darunter. Übertragen Sie die Vorlage auf den Stoff, markieren Sie die Wendeöffnung, und nähen Sie die Lagen an der Umrisslinie zusammen. Schneiden Sie die Flügel aus und schneiden Sie Kerben in die Nahtzugabe. Wenden und bügeln Sie die Flügel. Schließen Sie die Wendeöffnung und nähen Sie die Flügel an der Figur fest.

SCHILD
Fertigen Sie ein Schild aus Sperrholz mit dem Maßen 4x13cm. Schleifen, beizen und Löcher bohren. Stempeln Sie den gewünschten Text darauf (s. S. 9 Stempeln auf Holz). Fädeln Sie eine Schnur durch die gebohrten Löcher und befestigen Sie sie mit einem Knoten auf der Vorderseite des Schildes. Wer mag, kann auch ein fertiges Schild verwenden.

ACCESSOIRES
Die Nähanleitung für den Baum finden Sie auf S. 63. Für den Schal schneiden Sie ein Stück Wollfilz von 2,5x48cm zu und schneiden Fransen in die Enden. Wollfilz franst nicht aus. Schneiden Sie nun einen 3cm breiten Streifen Kunstpelz aus, der um die Taille des Engels passt und zwei 2cm breite Streifen für die Schuhe. Kleben oder heften Sie den breiteren Streifen in »Bauchnabelhöhe« auf die Trennnaht zwischen den Stoffen des Körpers. Die schmaleren Streifen kleben oder heften Sie auf die Trennnaht zwischen den Stoffen von Schuh und Bein. Sticken Sie Schnürsenkelkreuze auf die Schuhe und binden Sie eine Schleife (s. Abb. G). Kleben Sie die Hände mit der Schildschnur darunter mit Hilfe einer Klebepistole an den Bauch. Zum Schluss den Baum festkleben.

Stoffkorb mit Krempe

SIE BRAUCHEN

Baumwollstoff
Stoff für Innenfutter
Quiltvlies

	Komplettes Schnittmaß	Eckenausschnitte
Kleiner Sack	23,5 x 51,5 cm	3,5 x 4,5 cm
Großer Sack	29,5 x 63,5 cm	5 x 6 cm

Entscheiden Sie sich für eine Größe und schneiden Sie in den entsprechenden Maßen je ein Stück Stoff, Futterstoff und Quiltvlies zu. Übertragen Sie das Stickmotiv auf den Futterstoff (s. S. 6). Achten Sie darauf, das Motiv richtig herum auszurichten (s. Abb. A), ca. 2,5 cm von der Schnittkante entfernt. Legen Sie das Quiltvlies unter den Futterstoff und besticken Sie die Krempe. Stoff- und Futterteil nun rechts auf rechts aufeinanderlegen und dann an den kurzen Kanten zusammennähen (s. Abb. B). Falten Sie die Stofflagen so, dass die Nähte übereinanderliegen und schneiden Sie die Ecken aus (s. Abb. C). Der längere Schnitt wird von der langen Seite gemessen. Nähen Sie die Lagen an den langen Seiten zusammen (Wendeöffnung aussparen, s. Abb. D). Legen Sie die Schnittkanten der vier offenen Ecken übereinander und nähen Sie eine Quernaht (s. Abb. E). Wenden Sie den Stoffkorb, bügeln Sie ihn und schließen Sie die Wendeöffnung. Drücken Sie den Futterstoff in den Korb und bügeln Sie den oberen Rand. Krempeln Sie den oberen Rand 5 cm weit um.

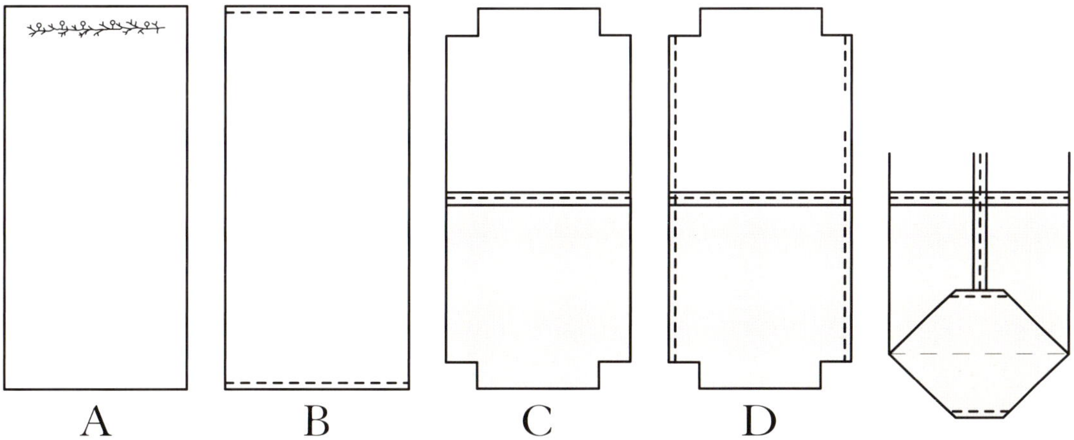

A B C D E

Weiche Herzen

Die Vorlage finden Sie auf dem Schnittmusterbogen hinten im Buch.

Zu Weihnachten gehören große Herzen. Diese hier eignen sich besonders schön als Wandschmuck oder zur Verzierung einer Türklinke. Manche Herzen haben eine Tasche – der perfekte Ort für einen lieben Weihnachtsgruß. Wer möchte, kann auch einen Spruch oder einen Namen auf ein Stück Stoff sticken und auf das Herz nähen. Die Herzen haben verschiedene Stoffe für Vorder- und Rückseite. So ergeben sich eine Fülle an wunderbaren Variationsmöglichkeiten. Lassen Sie Ihrer Kreativität freien Lauf und nähen Sie ein Herz für einen lieben Menschen.

SIE BRAUCHEN

Baumwollstoff
Leinenstoff
Band
Füllwatte
Stickgarn

TIPP

Nähen Sie als »Tüpfelchen auf dem i« ein passendes Stück Webband in die Naht ein.

Schneiden Sie ein Stück Stoff für die Vorderseite und eins für die Rückseite des Herzens aus. Und, wenn Sie mögen, dazu noch ein Stück Stoff für die Tasche oder den Flicken mit Text.

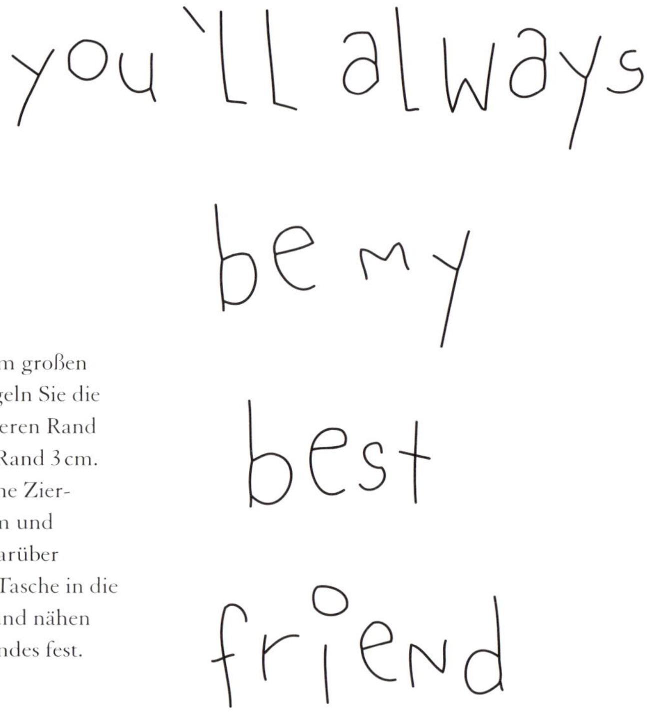

MIT TASCHE
Schneiden Sie einen 11,5 x 14 cm großen Flicken für die Tasche zu. Bügeln Sie die seitlichen Ränder und den unteren Rand 1 cm nach hinten, den oberen Rand 3 cm. Nähen Sie 3 mm vom Rand eine Zierstichnaht um die Tasche herum und 2 cm vom oberen Rand quer darüber (s. Foto rechts). Legen Sie die Tasche in die Mitte des vorderen Herzteils und nähen Sie sie entlang des äußeren Randes fest.

MIT TEXT
Schneiden Sie einen Flicken in den Maßen 13,5 x 14,5 cm zu und ein Stück Vlies von 11,5 x 12,5 cm. Übertragen Sie die Schrift auf den Flicken (Übertragen von Vorlagen s. S. 6). Legen Sie das Vlies mittig unter den Flicken und sticken Sie den Text. Bügeln Sie den Stoff an allen Kanten 1 cm um das Vlies und sticken Sie 3 mm vom Rand mit Zierstichen um den Flicken herum. Legen Sie den Flicken in der Mitte auf das vordere Herzstück und nähen Sie es am äußeren Rand entlang an den Stoff.

Legen Sie die Herzteile rechts auf rechts aufeinander. Falten Sie ein kurzes Stück Band doppelt und schieben Sie es ca. 15 cm von der Spitze zwischen die Stofflagen, ehe sie das Herz an der Umrisslinie zusammennähen. Wendeöffnung nicht vergessen. Das Herz wenden, bügeln und mit Watte füllen. Schließen Sie die Wendeöffnung und befestigen Sie ein Band oder Schnur zum Aufhängen.

God Jul
best
friend

Noch zwei weiche Herzen, hier in Rot-Weiß-Tönen. Hervorragend geeignet als liebevolle Dekoration oder als Präsent.

An der Tür hängt eine winterlich-kuschelige Spitztüte in einem schönen, satten Braunton. Die Anleitung finden Sie auf S. 12.
Als Verzierung sind zwei wie Eiskristalle geformte Knöpfe angenäht.

Großes Herz aus Holz

Die Vorlage finden Sie auf dem Schnit musterbogen hinten im Buch.

Übertragen Sie die Herzvorlage auf eine Sperrholzplatte. Sägen Sie das Herz aus. Bohren Sie ein Loch (4 mm) in das Holz (s. Foto). Schleifen Sie die Kanten mit Sandpapier und bemalen Sie das Herz mit Bastelfarbe. Sobald die Farbe trocken ist, schleifen Sie die Kanten vorsichtig nach, das gibt dem Herz einen Vintage-Touch. Mit Embossing oder Stempeln das gewünschte Motiv auftragen. (s. S. 9). Ziehen Sie einen Bindfaden als Aufhänger durch das Loch.

SIE BRAUCHEN

- Sperrholzplatte, 4 mm dick
- Bastelfarbe
- Stempel
- Embossing-Pulver
- Bindfaden

Wenn Sie das Herz lackieren, können Sie es sogar im Freien an einen kleinem Baum, z. B. neben der Eingangstür, aufhängen.

Mit der Herz-Vorlage auf S. 52 lassen sich auch kleinere Holzherzen anfertigen.

Kissen mit Herzmotiv

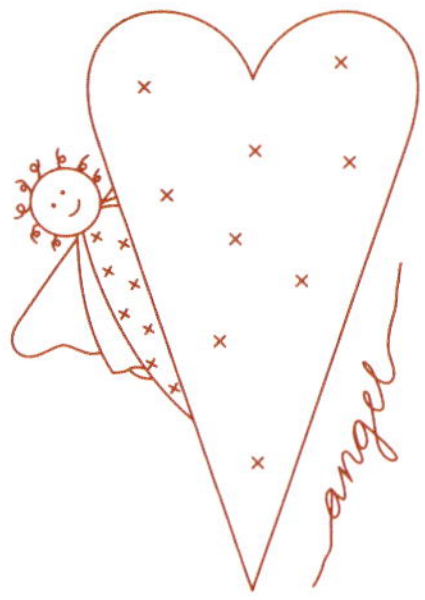

Kissen mit Herzmotiv

SIE BRAUCHEN

Stoff für Kissenhülle
Hellen Stoff
Stickgarn
Knöpfe
Innenkissen 50 x 50 cm

Die Vorlage für das gestickte Herz mit Engel finden Sie auf S. 112 hinten im Buch.

Schneiden Sie ein Stück hellen Stoff von 29 x 29 cm, ein Stück Quiltvlies von 27 x 27 cm, ein Stück Stoff für das Kissenvorderteil von 51,5 x 51,5 cm sowie für die Rückseite ein Stück Stoff von 25,5 x 51,5 cm und von 41,5 x 51,5 cm zu.

ZIERFLICKEN

Übertragen Sie das gesamte Motiv auf den Flicken (s. S. 6). Legen Sie das Quiltvlies mittig darunter und heften Sie die Lagen zusammen, damit sie nicht verrutschen. Sticken Sie das Herz mit Langettenstichen, den Engel und den Text mit Stielstich (s. S. 8). Falten Sie die Kanten des Flickens 1 cm um und bügeln Sie sie. Nähen Sie ca. 5 mm vom Rand entfernt mit langen Steppstichen eine Ziernaht um den ganzen Flicken und plazieren Sie ihn in der Mitte der Vorderseite. Nähen Sie den Flicken unmittelbar am Rand entlang auf den Stoff.

RÜCKSEITE

Bügeln Sie an einer Langseite einen 5 cm breiten Saum um. Schlagen Sie die Schnittkante 1 cm unter den Saum und bügeln Sie erneut. Nähen Sie den Saum mit einer Naht am äußeren Rand fest (s. Abb. A). Verfahren Sie ebenso mit dem zweiten Stoffteil.

A

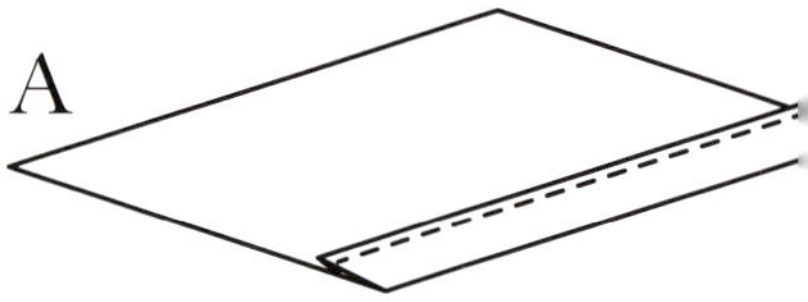

Legen Sie das Vorderteil mit der rechten Seite nach oben, dann zuerst das kleinere Stoffstück für die Rückseite rechts auf rechts auf das Vorderteil, danach das größere Rückenteil, so dass die beiden Teile für die Rückseite sich 4 cm überlappen. Nähen Sie die äußeren Ränder der Stofflagen zusammen. Wenden Sie das Kissen und bügeln Sie es. Nähen Sie 3 mm vom äußeren Rand eine Ziernaht um das ganze Kissen. Dann vier Knopflöcher in die obere Lage der Rückseite (s. Abb. B) nähen. Jetzt die Knöpfe annähen.

B

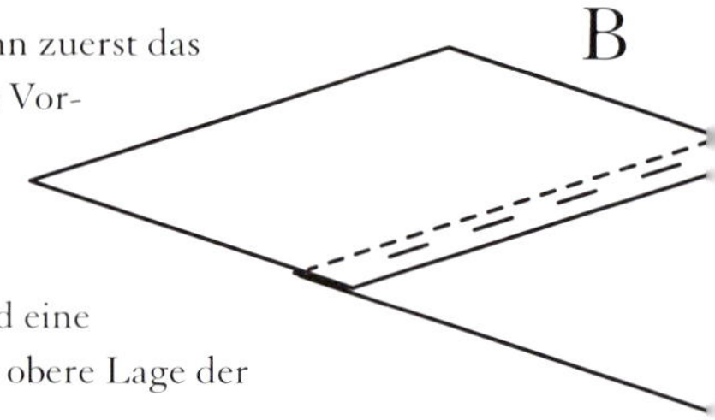

Weihnachtsmädchen mit Päckchen

... nicht vor Heiligabend öffnen!

Das Weihnachtsmädchen wird wie der Schnee-Engel auf S. 14 genäht, allerdings ohne den Pelzbesatz am Kleid. Das Kleid bekommt stattdessen am unteren Rand und an den Ärmeln Säume. Das Weihnachtsmädchen trägt aufgestickte »Schuhe« und ein Päckchen zwischen den Händen. Für die Schnürung sticken Sie ein paar Kreuze auf die Vorderseite der Beine und verknoten die Fadenenden zu einer Schleife. Schneiden Sie einen Streifen Kunstpelz zu, dieser wird am Übergang zwischen Schuh und Bein um das Bein geklebt.

eggs

Kaffeewärmer

Die Vorlage finden Sie auf dem Schnittmusterbogen hinten im Buch.

Der Kaffeewärmer passt für eine 1-Liter-Presskanne. Je nachdem, für was für eine Kanne man ihn nutzen will, kann man ihn auch größer oder kleiner nähen.

Schneiden Sie nach der Vorlage zwei Teile Stoff und zwei Teile Futterstoff zu. Für den unteren Rand schneiden Sie einen Stoffstreifen von 16 x 51,5 cm zu.

Übertragen Sie die Engel-Vorlage auf Vliesofix (s. Technik für Applikationen S. 7) Plazieren Sie den Engel etwa 7 cm von der Spitze in der Mitte des Stoffes. Bügeln Sie die Teile fest und umsticken Sie sie im Langettenstich. Sticken Sie dem Engel das Gesicht und die Haare. Lassen Sie außerdem zwei gestickte Schneeflocken über ihm tanzen.

SCHLAUFE

Schneiden Sie aus dem gleichen Stoff, den sie für den unteren Rand des Kaffeewärmers verwenden, ein Stoffstück von 5 x 7 cm zu. Falten Sie den Stoff mit der rechten Seite nach innen doppelt und nähen Sie die lange Seite zu. Bügeln Sie die Nahtzugaben auseinander und wenden Sie den Schlauch. Falten Sie ihn so, dass die Naht mittig verläuft. Bügeln.

ZUSAMMENNÄHEN

Legen Sie die Stoffteile rechts auf rechts, falten Sie die Schlaufe in der Mitte und schieben Sie sie mit dem Knick voran an der Spitze zwischen die Stofflagen. Legen Sie die Futterteile jeweils links auf links über die Stoffteile und nähen Sie alle Teile zusammen. Den Kaffeewärmer wenden und bügeln. Die Nahtzugaben sind jetzt unsichtbar im Kaffeewärmer versteckt.

UNTERER RAND

Falten Sie den Stoffstreifen für den unteren Rand der Länge nach (linke Seite innen) und bügeln Sie den Falz. Falten Sie den Stoff auseinander und danach die langen Seitenkanten zur Mittelfalte (s. Abb. A). Bügeln. Den Stoff wieder auseinanderfalten, ihn quer doppelt rechts auf rechts legen und die kurze Kante zusammennähen (s. Abb. B). Bügeln Sie die Nahtzugaben auseinander. Ziehen Sie den Stoffteil für den unteren Rand nun rechts auf rechts außen über den Kaffeewärmer und nähen Sie ihn im oberen Knick an den Wärmer an (S. Abb. C). Schlagen Sie nun die obere Kante nach innen um und heften Sie den Umschlag mit der Hand fest.

SIE BRAUCHEN

- Wattierten Leinenstoff
- Stoff für Randstreifen und Schlaufe
- Verschiedene Stoffe für Engel
- Stickgarn
- Futterstoff

A

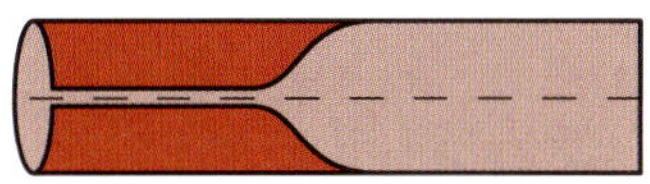

B

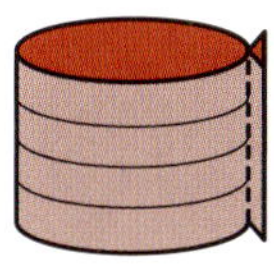

C

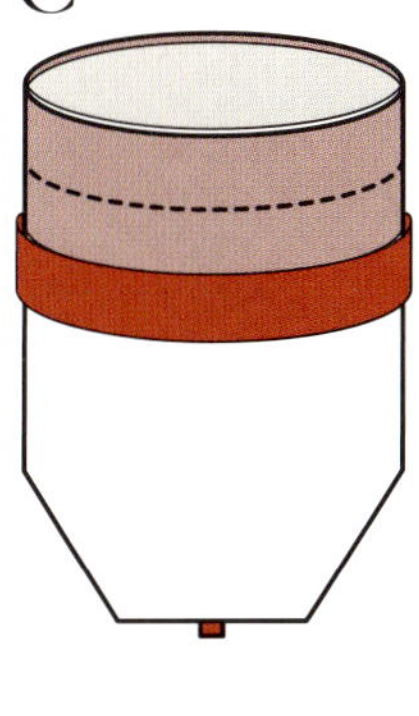

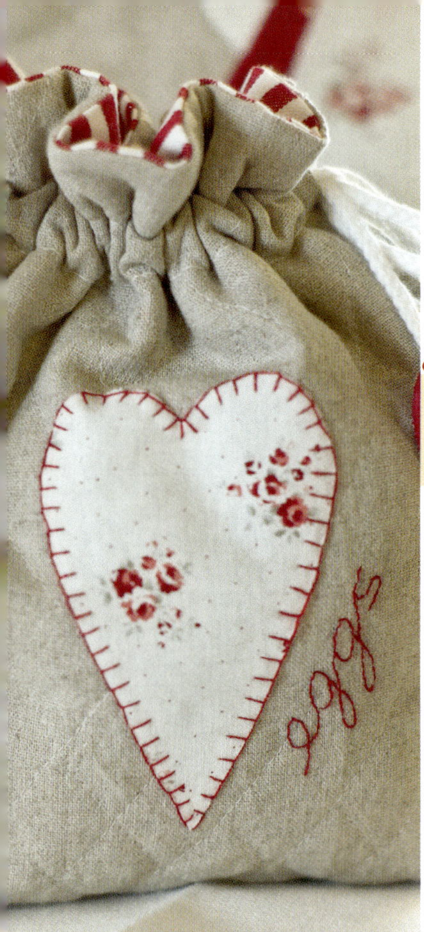

Eierwärmersäckchen

SIE BRAUCHEN

- Wattierten Leinenstoff
- Stoff für Innenfutter
- Stoff für Herz
- Stickgarn
- Schnur
- Holzherzen

In einem solchen wattierten Säckchen halten Eier lange warm.

Schneiden Sie je ein Stück Leinenstoff und ein Stück Stoff für das Innenfutter mit den Maßen 52 x 24 cm zu. Übertragen Sie das Herz auf Vliesofix (s. Technik für Applikationen, S. 7). Legen Sie das Motiv 9,5 cm vom oberen Rand entfernt in die Mitte des Stoffes. Bügeln Sie das Herz auf und umsticken Sie es mit Langettenstich. Übertragen und sticken Sie den Schriftzug aus der Vorlage, wenn Sie mögen, oder schreiben Sie per Hand Eier auf den Stoff.

Legen Sie den Leinenstoff doppelt rechts auf rechts und nähen Sie die Seitennähte zusammen. 4 cm vom oberen Rand muss an beiden Seiten eine 1,5 cm breite Öffnung für den Tunnelsaum offen gelassen werden. Bügeln Sie die Nahtzugabe auseinander. Nähen Sie das Innenfutter auf die gleiche Weise, sparen Sie aber eine Wendeöffnung in einer der Seitennähte aus. Dann wieder die Nahtzugaben auseinanderbügeln. Die Bodenecken wie für den »Beutel für Ausstechformen« auf S. 80 nähen. Das Innenfutter wenden und rechts auf rechts in den Stoffteil schieben. Die Stofflagen am oberen Rand entlang zusammennähen, alles durch die Umstülpöffnung im Innenfutter wenden und bügeln. Das Innenfutter in den Sack drücken. Nähen Sie nun für den Tunnelsaum zwei parallel laufende Nähte, dabei Acht geben: Die 1,5-cm-Öffnungen an beiden Seiten müssen exakt zwischen diesen Nähten liegen.
Schneiden Sie zwei 65 cm lange Schnüre zu. Ziehen Sie die Schnüre auf beiden Seiten durch die Öffnungen durch den Tunnel, damit das Säckchen zugeschnürt werden kann (s. Abb. A). Wenn Sie mögen, können Sie kleine Holzherzen an die Schnurenden knoten.

Stopfen Sie den Boden des Säckchens mit etwas Watte aus, damit die Eier schön lange warm bleiben.

Herzbild

Schneiden Sie ein Stoffviereck zu, das 4 cm breiter und länger als der Rahmenausschnitt ist. Übertragen Sie das Herz auf Vliesofix (s. Technik für Applikationen auf S. 7). Bügeln Sie das Herz mittig auf die Stoffvorderseite und umsticken Sie es im Langettenstich. Schneiden Sie ein Stück Vlies und ein Stück Karton aus, das der Größe des Rahmenausschnitts auf der Rahmenrückseite entspricht. Bügeln Sie das Vlies mittig auf die Rückseite des Stoffes auf und legen Sie den Karton auf das Vlies. Schlagen Sie den überstehenden Stoff um die Kartonkanten und drücken Sie das Bild in den Rahmen. Falten Sie die Stoffränder um und befestigen Sie die Rückwand des Rahmens.

SIE BRAUCHEN

Rahmen
Baumwollstoff
Bügelvlies
Stickgarn
Karton

Topflappen

Die Vorlage finden Sie auf dem Schnittmusterbogen hinten im Buch.

Übertragen Sie die Vorlage auf wattierten Leinenstoff und schneiden Sie vier Teile für Vorder- und Rückseite für zwei Topflappen aus. Zwei Herzen auf roten Leinenstoff übertragen, ausschneiden und mit Vliesofix auf die Stoffteile aufbügeln (s. S. 7). Umsticken Sie die Herzen im Langettenstich. Legen Sie ein Stoffstück mit Herz mit einem ohne Herz mit jeweils der rechten Seite außen übereinander und nähen Sie die Lagen zusammen.

BORTE
Schneiden Sie zwei Stoffstreifen von 5,5 x 65 cm für die Seiten und die untere Kante zu sowie zwei Streifen von 55 x 35 cm für die Schrägen. Falten Sie die Streifen längs (rechte Seite außen) und bügeln Sie sie. Die Anleitung für das Annähen von Borten finden Sie auf S. 7. Schneiden Sie eventuell überstehenden Stoff weg, bevor Sie mit dem »Dach« beginnen (s. Abb. A). Achten Sie beim Annähen der Dachborte darauf, dass Sie genügend Stoff haben, damit er an den Enden eingeschlagen werden kann.

A

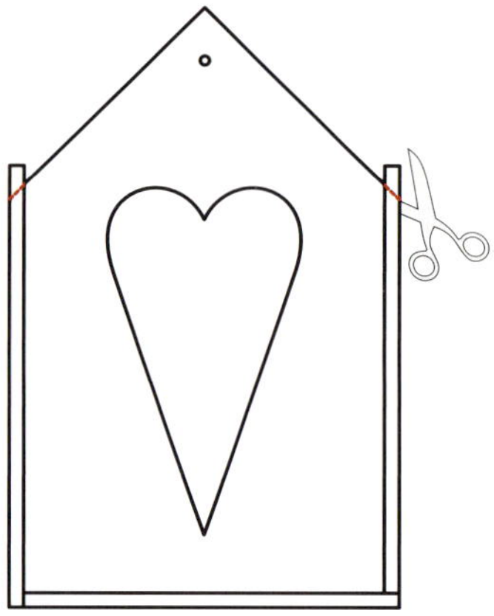

Zum Aufhängen der Topflappen wird an der Dachspitze eine Öse angebracht, durch die man die Paketschnur hindurchzieht.

SIE BRAUCHEN

- Wattierten Leinenstoff
- Leinenstoff
- Baumwollstoff
- Metallöse
- Paketschnur o. Ä.

Backhandtuch

Die Stickvorlagen finden Sie auf dem Schnittmusterbogen hinten im Buch.

Schneiden Sie ein Stück Baumwollstoff von 65 x 50 cm zu. Legen Sie den Stoff 12 cm von der unteren Kante entfernt über die Vorlage. Der mittlere Kringel sollte sich in der Mitte des Handtuches befinden. Übertragen Sie die Motive auf den Stoff und sticken Sie sie im Stilstich. Säumen Sie die beiden kürzeren Seiten ein (s. S. 7). Legen Sie die Spitzenborte auf den unteren Saum und nähen Sie sie im Steppstich fest. Die längeren Seiten zum Schluss einsäumen.

SIE BRAUCHEN

Weißen Baumwollstoff
Stickgarn
Spitze

Schlicht, aber bezaubernd und eine schöne Geschenkidee: Schnüren Sie zwei Backhandtücher zu einem hübschen Geschenk zusammen. Noch ein kleines, rotes Holzherz daranknüpfen, und fertig!

Karierter Sack für Weihnachtskringel

SIE BRAUCHEN

Geschirrhandtuch oder karierten Baumwollstoff

TIPPS

Es gibt Geschirrhandtücher mit schönen Mustern in unterschiedlichen Größen zu kaufen. Umschnüren Sie den fertiggenähten und mit Leckereien gefüllten Sack mit Bast und hängen Sie eine hübsche Karte daran.

Nehmen Sie ein Geschirrhandtuch, oder schneiden Sie ein Stück Stoff von 48 x 64 cm zu. Legen Sie den Stoff (bzw. das Handtuch) doppelt rechts auf rechts und nähen Sie die Seitennähte zu. Damit die Nahtzugaben nicht ausfransen mit Zickzackstich versäubern, dann den Sack wenden. Schlagen Sie den oberen Sackrand zu einem Saum ein (s. S. 7) und nähen Sie ihn im Steppstich fest.

Duftende, frische Weihnachtskringel … Zum Anbeißen!

Weihnachtskringel

(16 Stück)

75 g Margarine
500 ml Milch
50 g Hefe
1 TL Kardamom
2 TL Anis
etwas Salz
125 g Zucker
ca. 700 g Mehl

Margarine schmelzen. Milch zugeben und die Mischung fingerwarm (37 °C) erwärmen.
Die Hefe in eine Backschüssel krümeln und die Milchmischung darübergießen. Rühren, bis die Hefe sich aufgelöst hat.
Zucker, Kardamom, Anis, Salz und zum Schluss das Mehl zugeben. So lange weiterrühren, bis sich der Teig vom Schüsselrand löst. Decken Sie den Teig ab und lassen Sie ihn an einer geschützten Stelle ca. 45 Min. gehen, bis er etwa die doppelte Größe hat.
Legen Sie den aufgegangenen Teig auf eine Arbeitsplatte und teilen Sie ihn in 16 gleich große Teile. Rollen Sie jedes Teil zu einer ca. 45 cm langen Wurst und formen Sie sie zu einem brezelförmigen Kringel. Verteilen Sie die Kringel auf einem Backblech und stellen Sie sie erneut an eine geschützte Stelle zum »Nachgehen«.
Backen Sie die Kringel ca. 10 Min. bei 225 °C, bis sie goldbraum sind. Sobald Sie die Kringel aus dem Ofen genommen haben, bestreichen Sie sie mit Milch.

Viel Erfolg!

Engelbild

Die Stickvorlage finden Sie auf dem Schnittmusterbogen hinten im Buch.

Schneiden Sie für das Bild ein Stück hellen Stoff in den Maßen 26,5 x 19,5 cm zu. Der Rahmen um das Bild besteht aus 28 Flicken von unterschiedlichen Stoffen. Schneiden Sie für die Flicken Stoffstücke von je 5 x 5 cm zu. Nähen Sie jeweils sieben Flicken zu einem langen Streifen zusammen (insgesamt 4 Streifen). Bügeln Sie alle Nahtzugaben in die gleiche Richtung. Achten Sie darauf, dass die Nahtzugabe überall mindestens 0,7 cm beträgt. Die Flicken können in beliebiger Reihenfolge zusammengenäht werden. Nähen Sie zwei der Streifen an die langen Seiten des hellen Stoffes und bügeln Sie die Nahtzugabe auf die Rückseite des hellen Stoffes. Nähen Sie nun die zwei übrigen Streifen an die kurzen Seiten und bügeln Sie auch hier die Nahtzugaben nach innen. Übertragen Sie das Motiv für den Engel auf den hellen Stoff (s. S. 6). Legen Sie nun das Stickmotiv auf eine Lage Quiltvlies in der gleichen Größe wie das Bild und heften Sie die Lagen zusammen. Jetzt können Sie das Motiv sticken und nach Wunsch mit einem Knopf verzieren. Anregungen für unterschiedliche Stickstiche finden Sie auf S. 8. Schneiden Sie nun den Futterstoff zu (er hat die gleichen Maße wie die gesamte Vorderseite) und legen Sie ihn auf die Rückseite des Stoffstücks mit dem Rahmen und dem gestickten Engel. Schneiden Sie dann einen Streifen von 5,5 x 125 cm für die Borte zum Einfassen zu. Bügeln Sie den der Länge nach gefalteten Streifen (rechte Seite außen). Nähen Sie die Borte um das Engelbild, wie auf S. 7 beschrieben. Nähen Sie per Hand eine Ziernaht mit 4 mm langen Vorstichen um den Rand des hellen Stoffes.

SIE BRAUCHEN

- Hellen Stoff
- Quiltvlies
- Verschiedene Baumwollstoffe
- Futterstoff
- Stickgarn
- Knopf

Kugelherzen

Kleines Herz

Ziehen Sie 37 Holzkugeln (Ø 15 mm) auf einen kräftigen Draht auf. Biegen Sie die Drahtenden, damit die Kugeln nicht hinunterrutschen. Schneiden Sie jetzt einen Stoffstreifen von 6,5 x 150 cm zu. Falten Sie den Streifen der Länge nach doppelt (rechte Seite innen) und nähen Sie die lange Seite und ein kurzes Ende zusammen. Den zusammengenähten Streifen wenden, bügeln und über die Kugeln auf dem Draht ziehen. Schneiden Sie den überschüssigen Stoff nicht weg, bevor Sie die Knoten gebunden und den Draht in Herzform gebogen haben. Wickeln und verknoten Sie dazu jeweils einen doppelten Nähfaden zwischen zwei Kugeln. Wenn Sie damit fertig sind, schneiden Sie das offene Ende des Stoffstreifens 3 cm von der äußeren Kugel entfernt ab. Schlagen Sie die Schnittkante nach innen um und nähen Sie die Enden zusammen. Jetzt können Sie den Draht in die gewünschte Herzform biegen.

Großes Herz

Für das große Herz werden 39 Holzkugeln mit einem Durchmesser von 20 mm verarbeitet. Der Stoffstreifen hat die Maße 8,5 x 150 cm. Ansonsten wird es genauso wie das kleine Herz genäht.

SIE BRAUCHEN

- Futterstoff
- Holzkugeln
- Kräftigen Draht
- Nähgarn

.. an angel
by my side

Zuckerstangen

Die Vorlage finden Sie auf dem Schnittmusterbogen hinten im Buch.

Zuckerstangensäckchen

Schneiden Sie je ein Stück Baumwollstoff und ein Stück Futterstoff in den Maßen 17,5 x 41,5 cm zu. Nähen Sie die Säckchen nach der Anleitung für Stoffkörbe mit Krempe auf S. 25 (ohne Stickmotiv). Für diese kleinen Säckchen wird keine Vlieseinlage benötigt.

SIE BRAUCHEN

Für die Säckchen:
Baumwollstoff
Futterstoff

Für die Zuckerstangen:
Gestreiften Baumwollstoff
Füllwatte

Genähte Zuckerstangen

Die Zuckerstangen gibt es in drei Größen. Am hübschesten sehen sie mit gestreiften Stoffen aus.

Übertragen Sie die Vorlage in der gewünschten Größe auf den Stoff. Markieren Sie die Wendeöffnung. Legen Sie den Stoff doppelt und plazieren Sie die Vorlage im Verhältnis zu den Streifen diagonal (s. Markierung Fadenlauf in der Vorlage). Wenn Sie mehrere Stangen nähen wollen, ist es ratsam, die gewünschte Anzahl auf den doppeltliegenden Stoff zu übertragen, ehe Sie mit dem Nähen beginnen. Nähen Sie die Stofflagen, außer der Wendeöffnung, entlang der Umrisslinie zusammen. Schneiden Sie im Bogen kleine Kerben in die Nahtzugabe. Wenden und bügeln. Füllen Sie die Stange mit Watte und schließen Sie die Wendeöffnung.

Schlichte Baumschmucknascherei: Schnee wie Puderzucker und süße Stangen aus Stoff, sie sind lecker und zauberhaft anzusehen und absolut ungefährlich für Zähne und Fettpölsterchen …

Eiskratzerfäustling

Die Vorlage für den Fäustling finden Sie auf dem Schnittmusterbogen, die für die Tannenbäume auf S. 107 hinten im Buch.

Übertragen Sie die Vorlage für den Fäustling auf den Stoff. Schneiden Sie je zwei Teile Kunstpelz und zwei Teile Leinenstoff aus. Übertragen Sie die Applikationsmotive auf Vliesofix und danach auf die gewünschten Stoffe für die Applikation (s. S. 7, Applikationen). Der untere Rand der Applikation hat 9 cm Abstand von der unteren Leinenstoffkante. Applizieren Sie um das Motiv ein paar Schneeflocken auf dem Fäustling. Umsticken Sie die Motivränder im Langettenstich. Sticken Sie die Augen des Schneemanns mit Knötchenstich, die Nase im Plattstich und die Zweige für Arme und Haare z. B. im Rückstich. Legen Sie jetzt die Leinenstoffteile rechts auf rechts aufeinander und nähen Sie sie am Rand entlang zusammen. Dabei oben eine Öffnung für den Eiskratzer aussparen. Verfahren Sie genauso mit den Pelzteilen (Auch hier die Öffnung nicht vergessen!). Falten Sie den Pelz am unteren Pelzfutterrand ca. 1 cm nach innen und nähen Sie ihn per Hand fest. Wenden Sie den Leinenstoffteil. Schieben Sie das Pelzfutter in den Fäustling und nähen Sie Innen- und Außenteil per Hand an der Kante des Leinenstoffs zusammen. Schlagen Sie den Pelzrand an der Kante um und nähen Sie den Pelz mit unauffälligen Stichen am Leinenstoff fest.

SIE BRAUCHEN

- Leinenstoff
- Verschiedene Stoffe für Applikationen
- Kunstpelz als Futterstoff
- Stickgarn
- Eiskratzer

Schieben Sie jetzt den Eiskratzer durch die Öffnung. Wenn nötig, verkleinern Sie die Öffnung mit ein paar Stichen, damit der Eiskratzer nicht wieder herausrutscht.

Auch mit Tannenbäumen statt eines Schneemanns ist der Fäustling ein wunderbares und in eisigen Zeiten sicher hochwillkommenes Geschenk.

Schneemänner und Weihnachtsbäume

Die Vorlage für die Schneemänner und die Weihnachtsbäume finden Sie auf dem Schnittmusterbogen, für die Zipfelmützen der Schneemänner auf S. 109 im hinteren Teil des Buches.

Schneemänner

Die Schneemänner gibt es in zwei Größen. Der größere ist 31 cm hoch, der kleinere 26 cm.

Legen Sie den Stoff doppelt rechts auf rechts. Übertragen Sie das Motiv aus der Vorlage und nähen Sie die Stofflagen entlang der Umrisslinie zusammen. Wendeöffnung am Boden und Öffnung für Zweigarme nicht vergessen. Schneiden Sie die Teile aus und kleine Kerben in die Nahtzugabe. Falten Sie die Ecken vom Boden auseinander und nähen Sie sie wie für die Säckchen auf S. 25 beschrieben zu. Den Schneemann wenden und bügeln. Mit Watte und am Boden mit etwas Granulat füllen, damit er gut steht. Die Wendeöffnung schließen. Sticken Sie dem Schneemann ein paar Kreuze auf den Bauch oder nähen Sie kleine Knöpfe an.

MÜTZE

Schneiden Sie den Stoff für die Mütze zu. Schlagen Sie die untere Kante nach innen um und bügeln Sie den eingefalteten Rand mit Vliesofix fest. Falten Sie dann die Mütze der Länge nach in der Mitte (linke Seite außen). Die lange Seite zunähen. Die Mütze wenden und am Kopf des Schneemanns festkleben.

NASE

Schnitzen Sie aus einem Blumenstab eine dünne Nase (2 cm lang). Malen Sie sie mit terrakottafarbener Bastelfarbe an und kleben Sie sie mit der Klebepistole fest.

AUGEN

Nähen Sie kleine, schwarze Perlen als Augen an.

ARME

Für die Arme des Schneemanns wurden hier ein paar Zweige verwendet. Erweitern Sie mit einer Stricknadel die Einstecklöcher für die Zweige in den Seitennähten. Geben Sie etwas Kleber auf die Zweigenden und drücken Sie sie 3–4 cm in den Körper.

SCHAL

Für den Schal nehmen Sie einen Stoffstreifen von ca. 2,5 x 46 cm und binden ihm den Schneemann um den Hals. Wenn Sie mögen, können Sie aber stattdessen genauso gut Bindfaden verwenden.

TIPP

Wenn Sie möchten, dass Mütze und Schal schon ein wenig gebraucht aussehen, legen Sie die Teile kurz in Wasser und wringen sie aus. Rollen Sie sie dann in ein Stück Küchenkrepp, damit so viel Wasser wie möglich aus dem Stoff gedrückt werden kann. Rollen Sie die Teile zwischen den Händen hin und her. Ziehen Sie sie anschließend in Form und lassen sie trocknen, bevor Sie sie befestigen.

SIE BRAUCHEN

- Baumwollstoff
- Stoff für Schal und Mütze
- Vliesofix
- Füllwatte
- Zweige
- Knöpfe
- Granulat oder Reis
- Blumenstab für Nase
- Schwarze Perlen
- Klebepistole

Weihnachtsbäume aus Holz

Die Bäume gibt es in zwei Größen.

Übertragen Sie die Vorlage auf eine dünne Sperrholzplatte. Sägen Sie den Baum aus und schmirgeln Sie die Flächen und Ränder. Bemalen Sie den Baum. Schneiden Sie für die Stämme unterschiedlich lange Birkenäste mit ungefähr 2 cm Durchmesser zu. Sägen Sie einen ca. 5 cm tiefen und 4 mm breiten Schlitz in das eine Ende des Astes. Kleben Sie den Baum in den Schlitz. Die ca. 2 cm dicke Scheibe für den Fuß wurde aus einem Birkenast mit etwa 7 cm Durchmesser gesägt. Bohren Sie ein Loch durch die Mitte. Befestigen Sie den Stamm am Fuß, indem Sie von unten eine Schraube durch den Fuß in den Stamm drehen.

Für einen Hauch von Patina kann man an den Kanten des Baums etwas Farbe abschleifen.

SIE BRAUCHEN

Sperrholzplatte, 4 mm
Birkenäste für Stämme
und Fuß
Farbe
Schrauben
Holzleim

Weihnachtsbäume und Tannenzapfen gehören zusammen! Es sieht auch sehr hübsch aus, wenn man die Zapfen in die Stoffkörbe mit Krempe (s. S. 25) füllt.

Kronleuchter

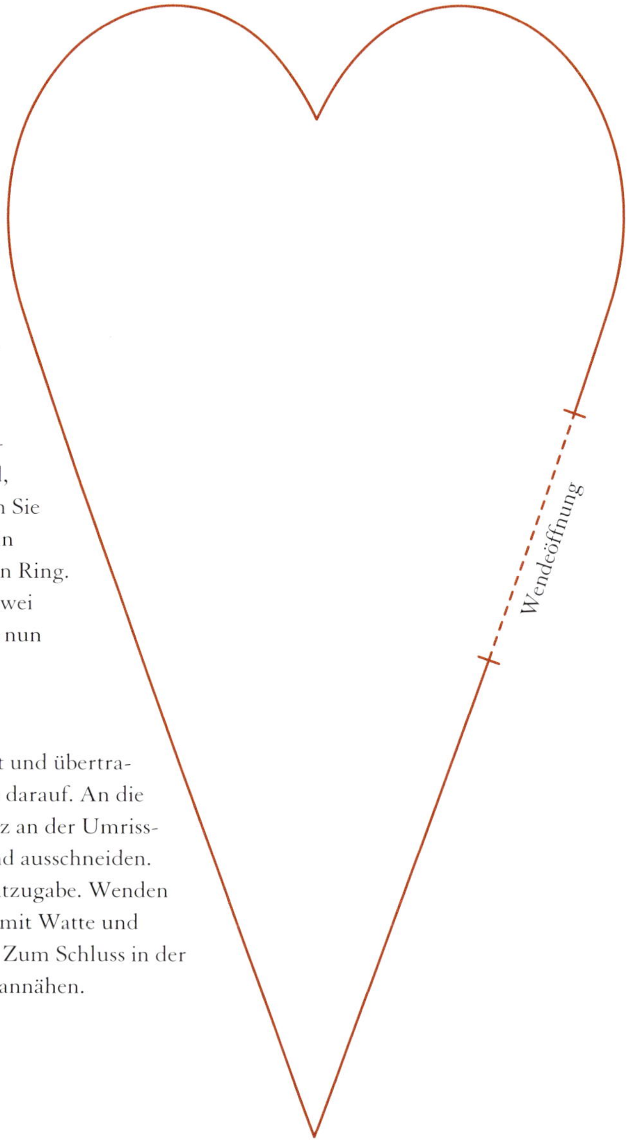

Biegen Sie den Draht zu einem Kreis mit ca. 27 cm Durchmesser. Binden Sie mit dünnem Blumendraht Zweige an den Ring. Schneiden Sie vier gleich lange Stücke (ca. 70 cm) kräftige Paketschnur zu, oder ein anderes Band, wenn Ihnen das lieber ist. Knoten Sie das eine Ende der Schnurstücke in gleichmäßigen Abständen um den Ring. Befestigen Sie jeweils zwischen zwei Knoten Kerzenhalter. Nähen Sie nun vier Stoffherzen.

HERZEN
Falten Sie ein Stück Stoff doppelt und übertragen Sie das Herz aus der Vorlage darauf. An die Wendeöffnung denken. Das Herz an der Umrisslinie entlang zusammennähen und ausschneiden. Schneiden Sie Kerben in die Nahtzugabe. Wenden und bügeln. Füllen Sie das Herz mit Watte und schließen Sie die Wendeöffnung. Zum Schluss in der Bogenspitze ein Aufhängerband annähen.

SIE BRAUCHEN

- Kräftigen Draht
- Zweige
- Kerzenhalter
- Samtband
- Verschiedene Stoffe für Herzen
- Paketschnur

Hängen Sie die Herzen, und was Ihnen sonst gefällt, an den Ring. Wenn Sie die Herzen mit den Zahlen 1 bis 4 besticken, haben Sie einen schicken Adventskranz.

Baum im Rahmen

Vergrößern oder verkleinern Sie das Motiv auf dem Kopierer, so dass es in den von Ihnen gewählten Rahmen passt. Schneiden Sie ein Stück hellen Stoff zu, der an allen Seiten 2 cm über das Bildfenster hinausreicht. Schneiden Sie ein Stück Vlies aus, das genau den Maßen des Bildfensters entspricht. Übertragen Sie das Motiv auf den Stoff (s. S. 6, Übertragen von Vorlagen). Legen Sie den Stoff mittig über das Vlies und nähen Sie mit ein paar Heftstichen durch beide Lagen, damit sie nicht verrutschen. Sticken Sie das Motiv, die Baumkugeln mit Plattstich, den Stamm mit Rückstich und die Zweige im Stielstich. Bügeln Sie das Bild und setzen Sie es in den Rahmen ein. Zum Schluss die Rückwand einsetzen.

SIE BRAUCHEN

Hellen Stoff
Quiltvlies
Stickgarn
Holzrahmen o. Ä.

Kissen mit gesticktem Baum

Die Stickvorlage finden Sie auf S. 55.

Schneiden Sie zwei Stoffrechtecke von 20 x 41,5 cm, ein Rechteck von 25 x 41,5 cm und ein Rechteck von 50 x 41,5 cm zu. Dann noch ein Stück hellen Stoff 24,5 x 41,5 cm zum Quilten und ein Stück Quiltvlies 24,5 x 41,5 cm.

VORDERSEITE
Übertragen Sie die Stickvorlage auf den hellen Stoff (s. Übertragen von Vorlagen S. 6). Legen Sie den hellen Stoff über das Vlies und heften Sie die Lagen zusammen, damit sie nicht verrutschen. Sticken Sie das Motiv auf den hellen Stoff. Legen Sie danach einen der beiden Stoffteile mit den Maßen 20 x 41,5 cm rechts auf rechts auf den Stickteil und nähen Sie die beiden Teile an der langen Seite zusammen. Wiederholen Sie das Ganze auf der gegenüberliegenden Seite (s. Abb. A). Nähen Sie auf der rechten Stoffseite je ein Samtband über die Naht. Nähen Sie, mit ca. 1 cm Abstand, ein etwas breiteres Samtband daneben.

SIE BRAUCHEN

Hellen Stoff
Quiltvlies
Stoff
Stickgarn
4 Knöpfe
Samtband
Innenkissen, 40 x 60 cm

RÜCKSEITE
Bügeln Sie an einer Langseite des kleineren Teils einen Saum von etwa 5 cm nach innen. Die Schnittkante etwa 1 cm unter den Saum einschlagen und erneut bügeln. Steppen Sie den eingeschlagenen Saum am äußeren Rand entlang (s. Abb. B). Wiederholen Sie das Ganze mit dem anderen Rückenteil, nur das diesmal der Saum an einer Kurzseite eingeschlagen wird. Nähen Sie vier Knopflöcher in den Saum des kleineren Teils.

Legen Sie das Vorderteil mit der rechten Seite nach oben. Legen Sie zuerst das kleinere Rückenteil rechts auf rechts auf das Vorderteil, dann das größere so darüber, dass sich die beiden Säume um 4 cm überlappen. Nähen Sie nun das Kissen um den Rand herum zusammen und versäubern Sie die Nahtzugabe mit einem Zickzacksaum. Wenden und bügeln Sie das Kissen und nähen Sie vier Knöpfe an.

A

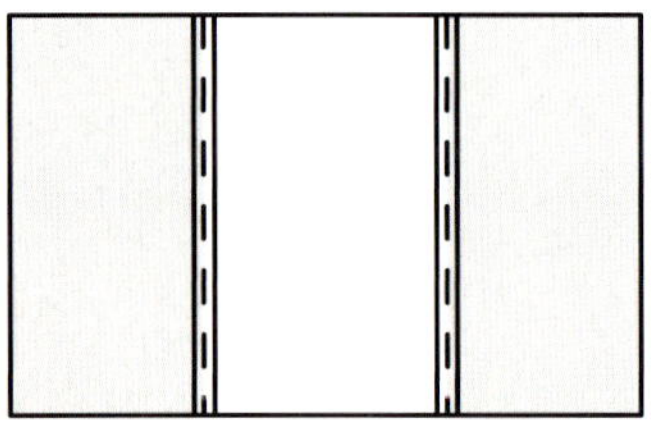

B

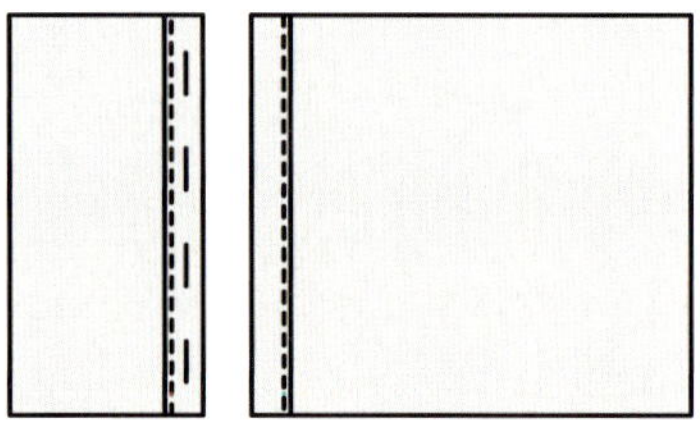

C

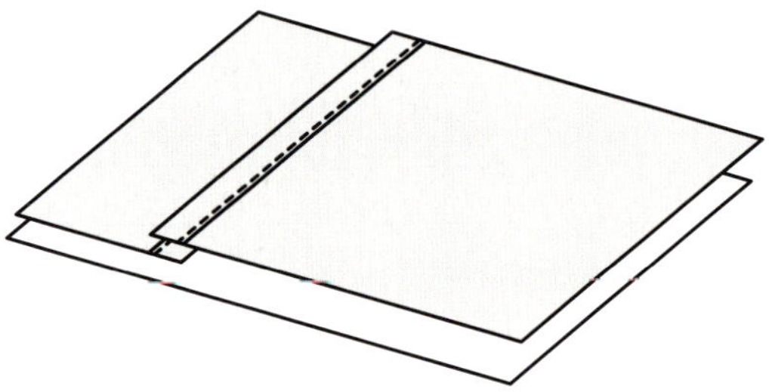

Spitztüten mit Namen

Die Vorlage für die Spitztüte finden Sie auf dem Schnittmusterbogen hinten im Buch, die Stickvorlage für die Buchstaben auf S. 9.

Übertragen Sie die Vorlage auf den doppeltliegenden Stoff. Legen Sie die mit »Stoffbruch« markierte Seite aus der Vorlage an den Stoffbruch des Stoffes. Schneiden Sie je ein Teil in Stoff, Quiltvlies und Futterstoff zu. Setzen Sie die Buchstaben zu Namen zusammen und übertragen Sie sie mit einem dunklen Stift auf Butterbrotpapier.
Die obere Kante der Buchstaben sollte ungefähr 4 cm vom oberen Stoffrand entfernt sein. Übertragen Sie nun auch die Stickvorlage auf den Stoff (s. S. 6). Legen Sie das Quiltvlies unter den fertig vorbereiteten Stoff und sorgen sie mit ein paar Heftstichen dafür, dass die Lagen nicht verrutschen. Sticken Sie das Motiv. Legen Sie den Stoffteil und den Innenfutterteil rechts auf rechts übereinander und nähen Sie die beiden Lagen am oberen Bogen zusammen. Schneiden Sie die überschüssige Nahtzugabe weg.

Falten Sie die beiden Teile der Spitztüte auseinander und nähen Sie die Seiten zusammen (s. Abb. A). Wendeöffnung nicht vergessen. Schneiden Sie die überschüssige Nahtzugabe an der Seitenkante weg, wenden Sie die Spitztüte und nähen Sie die Wendeöffnung zu. Drücken Sie das Futter mit einer dicken Stricknadel o. Ä. in die Tüte. Lassen Sie den Innenfutterstoff ca. 2 mm sichtbar über den oberen Rand ragen. Bügeln Sie die Tüte und nähen Sie etwa 4 mm unter dem oberen Rand eine Ziernaht um die Öffnung herum. Für die Aufhängung ziehen Sie mit einer dicken Nadel an den in der Vorlage markierten Stellen unterhalb des Spitztütenrands eine Schnur durch den Stoff quer über die Öffnung. Machen Sie an den Außenseiten der Tüte einen Knoten in die Schnurenden, damit die Schnur auch fest sitzt.

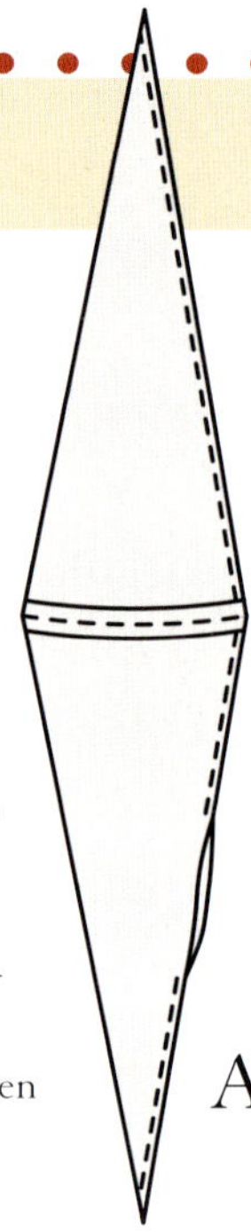
A

SIE BRAUCHEN

Baumwollstoff
Quiltvlies
Futterstoff
Stickgarn
Schnur

JUL
Rachel
Susan
Daniel

Feine Geschenkideen

Rezeptbuch

Schneiden Sie einen Bogen kartoniertes Papier so zu, dass er in die vordere Lasche des Ordners passt. Schneiden Sie nun einen Bogen Dekopapier so zu, dass er auf allen Seiten 2 cm kürzer als das kartonierte Papier ist. Kleben Sie das Dekopapier auf einen anderen Bogen Papier in einer Kontrastfarbe und schneiden Sie diesen Bogen so zu, dass ein andersfarbiger Rahmen von 2 mm stehen bleibt. Kleben Sie die Bögen auf den Karton und verzieren Sie die Vorderseite mit Etiketten und Stempelmotiven. Wenn es persönlich sein soll, versehen Sie die Front mit einem Namen oder einer Jahreszahl. Bei einem Ringordner können Sie Bänder und Schnüre an die Ringe knoten.

SIE BRAUCHEN

- Ordner mit Plastiklasche auf der Vorderseite
- Diverses Papier
- Band

TIPP

Wenn Sie Ihre Lieblingsrezepte mit jemandem teilen wollen, heften Sie sie in einen selbstgestalteten Ordner. Das ist ein hübsches und persönliches Geschenk.

Kaffeetüte

Eine schöne Geschenkidee für Schenkenden und Beschenkten. Füllen Sie eine Tüte aus beschichtetem Papier mit gutem Kaffee (oder Tee). Bestempeln oder beschriften Sie die Tüte für eine persönlichere Note, bevor Sie sie füllen. Dekorieren Sie die Tüte mit Bändern o. Ä. und gestalten Sie einen Päckchenanhänger, der Aufschluss über den Inhalt gibt. Befestigen Sie den Anhänger mit einem hübschen Band an der Tüte.

Kerzenbund

Fassen Sie ein paar schöne Kerzen mit einem Papier zusammen, das Sie vorher mit Stempelmotiven dekoriert haben. Knoten Sie ein Bastband darum und hängen Sie ein Etikett daran.

2008
Toril
LIVET ER HERLIG, MED EN VENN

Miriams Fürstenkuchen

200 g Zucker
200 g Margarine
2 kleine Eier
2 TL Backpulver
ca. 325 g Mehl

Füllung:
250 g Mandeln
250 g Puderzucker
1 Ei
etwas Wasser

1 Ei zum Bestreichen des Teigs

Den Ofen auf 170 °C vorheizen.
Eine Springform (Ø 26 cm) einfetten.

Bereiten Sie zuerst die Füllung vor. Dazu die Mandeln mahlen und mit Puderzucker, Ei und Wasser zu einer festen, nicht klebrigen Masse mischen.
Rühren Sie Margarine und Zucker, bis sie schaumig sind und fügen Sie nacheinander die Eier zu. Gut rühren.
Mehl (einen kleinen Teil zurückbehalten) und Backpulver zugeben. Kneten Sie den Teig auf einer Arbeitsplatte gründlich durch, bei Bedarf das restliche Mehl zugeben, bis der Teig richtig fest ist.
Drücken Sie ⅔ des Teigs so in die Form, dass er ein klein wenig über den Rand ragt.
Verteilen Sie nun die Mandelmasse in der Form. Teilen Sie den restlichen Teig in zwei gleiche Teile und verarbeiten Sie die eine Hälfte für die unteren und die andere für die oberen »Gitterstäbe«. Mit Ei bestreichen und den Kuchen etwa 1 Stunde auf mittlerer Stufe im Ofen backen.
Gutes Gelingen!

Genähte Mini-Weihnachtsbäume

Die Vorlage finden Sie auf S. 107 hinten im Buch.

Übertragen Sie die Vorlage auf den doppeltliegenden Stoff. Nähen Sie die Stofflagen an der Umrisslinie zusammen (Wendeöffnung nicht vergessen). Schneiden Sie in den Knicken Kerben in die Nahtzugabe. Wenden, bügeln und locker mit Watte füllen. Als Stamm stecken Sie ein Stück Zweig in die Wendeöffnung und nähen Sie sie mit ein paar Stichen zu. Einen Sternknopf an die Tannenspitze nähen.

SIE BRAUCHEN

- Verschiedene Baumwollstoffe
- Zweige
- Füllwatte
- Sternknöpfe

God Jul

Lange Strümpfe

Die Vorlage finden Sie auf dem Schnittmusterbogen hinten im Buch.

SIE BRAUCHEN

Verschiedene Baumwollstoffe
Leinenstoff
Kunstpelz
Spitzenborte
Knöpfe
Schnur, Füllwatte

TIPP

Stecken Sie etwas Füllwatte in den Strumpffuß und drücken Sie sie zusammen, dann sehen die Strümpfe ein bisschen fülliger und kuscheliger aus.

Strumpf mit Spitzenborte

Diese Strumpfvorlage besteht aus zwei Teilen. Teil eins = Langer Strumpf (bis zu der Linie, an der Langer Strumpf mit Spitzenborte steht), Teil zwei = Langer Strumpf, Oberer Rand/Pelzrand (hat auf dem Schnittmusterbogen eine eigene Vorlagenabbildung).

Legen Sie den Stoff für den Strumpf doppelt, übertragen Sie das Muster aus der Vorlage und schneiden Sie den Strumpf aus. Nehmen Sie den Stoff für den oberen Rand doppelt links auf links, legen Sie die in der Vorlage mit Stoffbruch markierte Kante an die Bruchkante des Stoffes an und schneiden Sie den Rand aus. Nähen Sie zuerst die beiden Lagen der langen Seite zu. Nun den so entstandenen Streifen mittig zusammenfalten, so dass die beiden kurzen Seiten übereinanderliegen. Die kurze Seitennaht schließen und mit Zickzackstich versäubern. Die Nahtzugabe bügeln und das Teil wenden.
Schneiden Sie drei Stoffflicken zu. Bügeln Sie Vliesofix auf die Rückseiten der Flicken. Bügeln Sie dann die Flicken auf die Außenseite des Strumpfes. Umsticken Sie die Flicken mit Langettenstich. Legen Sie die Strumpfteile aufeinander, (rechte Seite innen), und nähen Sie die Lagen an der Vorderseite ca. 20 cm vom oberen Rand zusammen. Versäubern Sie die Nahtzugabe in der gleichen Länge wie die Naht mit Zickzackstich. Falten Sie die Strumpfteile auseinander (rechte Seite außen), und legen Sie die Spitzenborte an die obere Schnittkante des Strumpfes an. Nähen Sie die Borte 3 mm von der oberen Kante entfernt fest. Falten Sie die beiden Strumpfteile wieder rechts auf rechts übereinander und nähen Sie den Rest zusammen. Die Nahtzugabe wie vorher mit Zickzackstich versäubern. Bügeln und wenden.
Schieben Sie den Randteil mit der langen Seitennaht voran ca. 1 cm in den oberen Teil des Strumpfes, die kurze Seitennaht liegt hinten. Nähen Sie die Teile aneinander und versäubern Sie die Kante mit Zickzackstich. Nähen Sie hinten oben mittig ein Stück Schnur als Aufhänger an die Randinnenseite. Wer mag, kann als Verzierung noch ein paar Knöpfe zwischen die Flicken nähen.

Strumpf mit Pelzrand

Übertragen Sie das Muster aus der Vorlage, das wieder aus zwei Teilen besteht. Teil eins = den ganzen Langen Strumpf, bis zu der Linie, an der Langer Strumpf mit Pelzrand steht, Teil zwei = Langer Strumpf, Oberer Rand/Pelzrand. Legen Sie den Stoff doppelt und schneiden Sie den Strumpfteil aus. Nähen Sie Flicken auf den Strumpf, wie im Absatz Langer Strumpf mit Spitzenborte beschrieben.

Legen Sie die Strumpfteile rechts auf rechts übereinander und nähen Sie sie zusammen. Versäubern Sie die Nahtzugabe mit einer Zickzacknaht. Bügeln und wenden. Falten Sie den oberen Teil des Strumpfes bis zu der in der Vorlage mit Stoffbruch gekennzeichneten Linie nach innen. Bügeln. Jetzt den Pelzstoff doppelt rechts auf rechts legen und nach der Vorlage zuschneiden. Auseinanderfalten und auf links drehen. Die obere, 28 cm lange Kante säumen, den Pelz rechts auf rechts so falten, dass die 22 cm langen Seiten aufeinanderliegen und zunähen. Schieben Sie nun den Pelzrand mit der ungesäumten Seite voran und der kurzen Seitennaht hinten liegend bis ca. zur Hälfte in den Strumpf und nähen Sie Pelz und Strumpfteil zusammen. Krempeln Sie das herausschauende Pelzstück auf die rechte Seite um. Nähen Sie ein Stück Schnur als Aufhänger an den Pelzrand und zwischen die Flicken ein paar Knöpfe auf den Strumpf.

Weihnachten im Fenster

SIE BRAUCHEN

Leinenstoff
Füllwatte
Paketschnur o. Ä.

Die Vorlage finden Sie auf dem Schnittmusterbogen hinten im Buch.

Legen Sie den Stoff für die Buchstaben doppelt und übertragen Sie die Buchstaben aus der Vorlage. Markieren Sie die Wendeöffnungen und nähen Sie die Buchstaben an der Umrisslinie zusammen. Die Buchstaben ausschneiden, wenden und bügeln. Mit Watte füllen und die Wendeöffnungen zunähen. Zum Schluss eine Schnur oder ein Band als Schlaufe zum Aufhängen befestigen.

Es ist Weihnachten … und schrecklich spannend, was wohl in dem Sack sein mag!

Schneestern-socken

Schneiden Sie zwei Teile nach der Vorlage zu. Übertragen Sie die Stickvorlage auf die rechte Stoffseite von einem der beiden Teile, wenn Sie nicht frei per Hand sticken möchten (s. S. 6). Sticken Sie das Motiv. Legen Sie die Stoffteile rechts auf rechts aufeinander. Schieben Sie an der markierten Stelle mit der Schlaufe voran ein Band zwischen die Stofflagen. Die Teile zusammennähen, Wendeöffnung nicht vergessen. Die Socke wenden, mit Watte füllen und die Öffnung schließen.

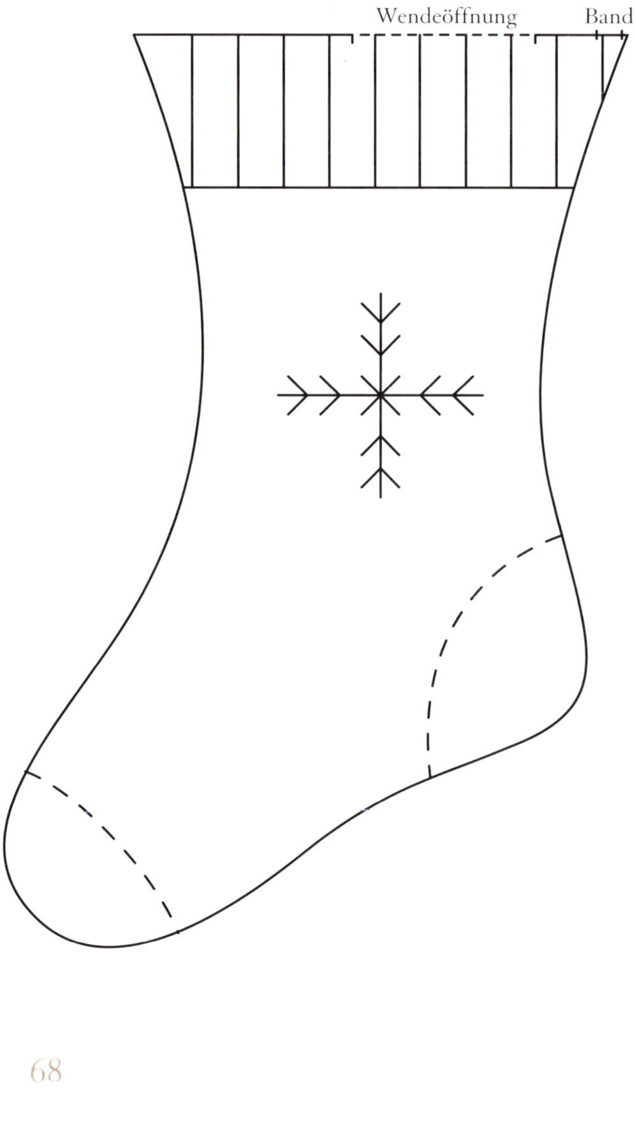

SIE BRAUCHEN

Leinen- oder Baumwollstoff
Kordelband o. Ä.
Stickgarn
Füllwatte

TIPP

Mit Lavendel gefüllt werden Duftsäckchen aus den Socken.

Ein Kranz mit Sternen ist ein bezaubernder Türschmuck und sieht sehr einladend aus …
Eine andere Variante des Kranzes und die Anleitung finden Sie auf S. 104.
Wie die Sterne genäht werden, steht auf S. 10.

Schneeweiße Spitztüten

Die Vorlage finden Sie auf dem Schnittmusterbogen hinten im Buch.

Diese weißen Spitztüten werden wie die großen Spitztüten auf S. 12 genäht. Fertig sind sie 65 cm lang.

HENKEL

Schneiden Sie einen Stoffstreifen von 6 x 41 cm für den Henkel und einen Streifen Vliesofix von 3 x 41 cm zu. Bügeln Sie den Vliesofixstreifen mittig auf den Stoffstreifen. Entfernen Sie das Papier und falten Sie die Stoffkanten zur Mitte. Bügeln Sie den Streifen, der jetzt 3 cm breit ist. Nähen Sie ein Samtband (Naht knapprandig links und rechts) über die Linie, an der die Schnittkanten zusammenstoßen.

Weihnachtsmäuse

Die Vorlagen für beide Mäusegrößen finden Sie auf S. 110 hinten im Buch.

SIE BRAUCHEN

Wollfilz
Leinenstoff
Wollgarn
Knöpfe
Band/Bast
Füllwatte

KÖRPER

Wählen Sie die Größe und schneiden Sie je zwei Teile Wollfilz für den Körper und für die Ohren aus. Nähen Sie die beiden Körperteile bis auf die untere Öffnung zusammen, wie in der Vorlage markiert. Wenden, bügeln und mit Watte füllen. Nähen Sie die untere Kante mit Heftstich und doppeltem Faden gut zu. Verknoten Sie die Fäden und vernähen Sie die Enden. Wollfilz franst nicht aus, darum braucht die Kante nicht eingeschlagen zu werden. Heften Sie die Ohren an den Kopf (s. Abb. A). Für die Augen nähen Sie kleine Knöpfe an den Kopf oder kleben Sie Perlen an. Auch den Bauch können Sie mit kleinen Knöpfen verzieren, wenn Sie mögen. Knoten Sie nun ein Stück Bast, Band oder Schnur um den Hals der Maus. Der Schal wird aus einem Stück Wollfilz zugeschnitten (ca. 2 x 30 cm). Schneiden Sie Fransen in die Enden.

A

ZIPFELMÜTZE

Schneiden Sie die Zipfelmütze aus einem Stück Leinen zu. Nähen Sie die Seitennaht zu, schlagen Sie die untere Kante nach innen um und bügeln Sie den Umschlag. Wenden Sie die Mütze und nähen Sie sie an den Kopf. Für den Schwanz zwirbeln Sie zuerst zwei Wollfäden, legen sie doppelt und zwirbeln Sie noch einmal. Nähen Sie den Schwanz an und knoten Sie eine Schleife darum, wenn Sie mögen.

Wir müssen uns vor der Falle in Acht nehmen, damit wir auch dieses Jahr wieder Weihnachten feiern können …

Geschenkesack

SIE BRAUCHEN

Dicken Baumwollstoff
Baumwollstoff
Schnur

Schneiden Sie ein Stück dicken Baumwollstoff (53 x 18 cm) für den Sack und ein Stück anderen Baumwollstoff (15 x 34,5 cm) für den Rand über der Schnürung zu. Für den eigentlichen Sack empfiehlt sich ein kräftiger Stoff, da er kein Innenfutter bekommt. Legen Sie den dicken Stoff für den Sack doppelt rechts auf rechts aufeinander und nähen Sie die Seiten zusammen. Versäubern Sie die seitlichen Nahtzugaben im Zickzackstich, damit sie nicht ausfransen. Falten Sie die Ecken des Sackstücks auf die gleiche Weise wie beim »Beutel für Ausstechformen« auf S. 80, aber nähen Sie die Quernaht hier 3 cm von der Spitze entfernt. Schneiden Sie die Ecke vor der Naht jeweils weg und versäubern Sie die Schnittkanten im Zickzackstich. Legen Sie den Stoff für den oberen Rand doppelt und nähen Sie die Seitennaht bis auf 2 cm vom oberen Rand entfernt zusammen (für den Tunnelsaum, s. Abb. A). Die Nahtzugabe auseinanderbügeln.

A

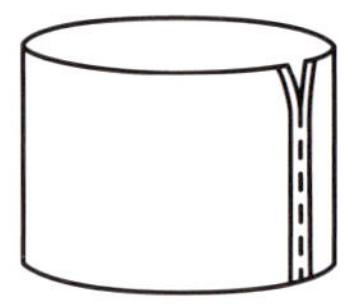

B

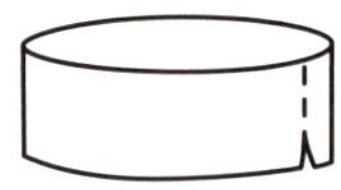

Falten Sie das Randstück (rechte Stoffseite und Öffnung für den Tunnelgang außen, s. Abb. B) und schieben Sie es so in den Sack, dass sich die Öffnung des Tunnelsaums direkt über der Seitennaht des Sackes befindet. Nähen Sie die Teile zusammen. Versäubern Sie die Schnittkante im Zickzackstich. Bügeln Sie die Nahtzugaben und wenden Sie den Sack. Nähen Sie 1,5 cm über der Naht zwischen Randteil und Sack eine Naht für den Tunnelsaum und ziehen Sie eine Schnur hindurch. Jetzt kann der Sack zugeschnürt werden.

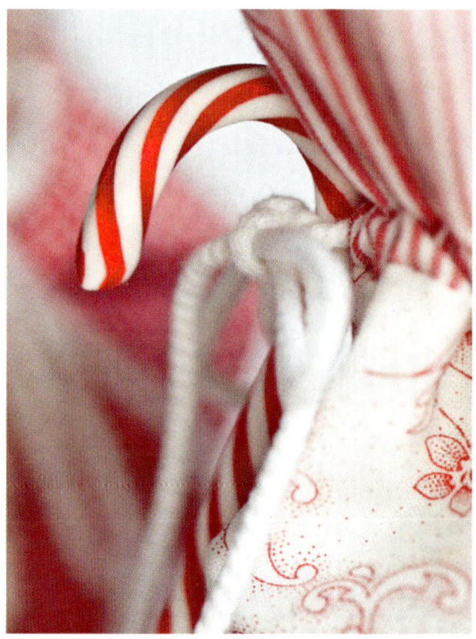

PEPPERKAKER
250 gr. smør
125 gr. lys sirup
250 gr. melis
1 dl. kremfløte
400 gr. hvetemel
2 ts. natron
2 ts. malt nellik
1 ts. kanel
100 gr. finhakkede mandler
gingerbread

Pfefferkuchen aus Holz

Die Vorlage finden Sie auf dem Schnittmusterbogen hinten im Buch.

SIE BRAUCHEN

Sperrholzplatte, 4 mm dick
Bastelfarbe
Stempel o. Ä.
Paketschnur, Band
Sandpapier

TIPP

Der Pfefferkuchenmann eignet sich auch hervorragend zum originellen Gestalten und Archivieren von Lieblingsweihnachtsrezepten.

Übertragen Sie die Vorlage des Pfefferkuchenmanns auf Sperrholz. Sägen Sie die Figur aus und bohren Sie am oberen Rand ein Loch. Schmirgeln Sie die Flächen und Kanten mit Sandpapier. Bemalen Sie die Figur mit Bastelfarbe. Sobald die Farbe trocken ist, können Sie die Kanten etwas nachschleifen, damit der Pfefferkuchen einen »antiken« Touch bekommen. Embossieren oder stempeln Sie ein Motiv Ihrer Wahl auf das Holz (s. S. 9). Ziehen Sie ein Stück Schnur als Aufhänger durch das Loch und knoten Sie ein Band o. Ä. um den Hals der Figur.

Rezept für Pfefferkuchen

Die Zutaten finden Sie auf dem Pfefferkuchenmann im Bild rechts.

Margarine, Sirup und Zucker weich rühren. Eier, Gewürze und Backpulver zugeben. Dann das Mehl unterarbeiten. Lassen Sie den Teig an einem kühlen Platz in Folie verpackt mindestens einen Tag ruhen. Den Teig dünn ausrollen und ausstechen. Die Pfefferkuchen auf mittlerer Schiene bei 200–225 °C ca. 5 Minuten backen. Auf dem Backblech abkühlen lassen.

Weiche Pfefferkuchen

Die Vorlage finden Sie auf dem Schnittmusterbogen hinten im Buch.

SIE BRAUCHEN

Baumwoll- oder Leinenstoff
Füllwatte
Band o. Ä.
Verschiedene Knöpfe

Legen Sie den Stoff rechts auf rechts doppelt und übertragen Sie das Motiv aus der Vorlage. Markieren Sie die Wendeöffnung und nähen Sie die Figur entlang der Umrisslinie zusammen. Die Figur ausschneiden und Kerben in die Nahtzugabe schneiden. Die Figur wenden, bügeln, mit Watte füllen und die Öffnung zunähen. Nähen Sie zwei kleine Knöpfe als Augen an den Kopf und weitere Knöpfe an den Bauch. Anstelle der Knöpfe können Sie auch Kreuze auf den Bauch sticken. Binden Sie den Pfefferkuchenmännchen eine Schleife aus Band, Schnur oder Bast um den Hals.

Der Stoffkorb mit Krempe für die Pfefferkuchenmänner ist der größte in diesem Buch. Die Maße und Anleitung finden Sie auf S. 25.

gingerbread

Weihnachtlicher Gewürzkuchen

2 Eier
200 g Zucker
50 g Butter
100 ml Milch
300 g Mehl
$1\frac{1}{2}$ TL Backpulver
2 TL gemahlener Kardamon
$1\frac{1}{2}$ TL Zimt
1 TL gemahlener Ingwer

Heizen Sie den Ofen auf 175 °C vor.
Mixen Sie die Eier und den Zucker. Die Butter schmelzen, die Milch dazugießen und erhitzen lassen. Die warme Mischung schnell unter die Ei-Zucker-Masse rühren. Das Mehl und die übrigen Zutaten zufügen und gut rühren.
Füllen Sie den Teig in eine gefettete Kastenform. Auf mittlerer Schiene ca. 35 Min. backen.

Tipp:
Packen Sie den Kuchen in Zellophan ein, wickeln Sie schönes Geschenkpapier darum und verzieren Sie das süße Paket mit einer Bauchbinde samt Anhänger. Stecken Sie einen selbstgebastelten Kuchenstab (aus Holz oder Draht) dazu und binden Sie eine Bastschleife um den Kuchen. Ein ganz besonderes Weihnachtsgeschenk!

gingerbread

Beutel für Ausstechformen

SIE BRAUCHEN

Leinenstoff
Baumwollstoff
Futterstoff
Stickgarn, Schnur

TIPP

Übertragen Sie das Stickmotiv auf den Stoff, indem Sie mit einem Stift um eine Ausstechform malen.

Schneiden Sie ein Stück Baumwollstoff und ein Stück Futterstoff mit den Maßen 74 x 26 cm zu sowie ein Stück Leinenstoff von 13 x 16 cm, auf den das Motiv gestickt werden soll. Pausen Sie die Pfefferkuchenfiguren ab und übertragen Sie sie auf den Leinenflicken (s. S. 6). Sticken Sie die Konturen des Motivs mit Stielstich. Falten Sie alle vier Seiten des Leinens ca. 1 cm auf die Stoffrückseite um und sticken Sie 3 mm von der Kante im Rückstich eine Ziernaht um den Flicken. Plazieren Sie den Flicken mittig und 17 cm unter dem oberen Rand auf der Beutelvorderseite. Nähen Sie den Flicken randnah auf den Stoff.

Auf einer Seite des Beutels muss eine Öffnung für den Tunnelsaum gelassen werden. Legen Sie den Stoff doppelt rechts auf rechts und nähen Sie die Seiten zu. 5 cm vom oberen Rand entfernt lassen Sie auf einer Seite eine 1,5 cm breite Öffnung. Bügeln Sie die Nahtzugaben auseinander. Wiederholen Sie den Vorgang mit dem Futterstoff. Wendeöffnung in einer Seitennaht nicht vergessen. Bügeln Sie die Nahtzugaben auseinander. Falten Sie die Ecken und nähen Sie etwa 3,5 cm von der Spitze entfernt eine Naht quer darüber. Schneiden Sie die Ecken vor der Naht weg (s. Abb. A). Wenden Sie den Futterteil und stecken Sie ihn in den Stoffteil (rechte Seiten aufeinander). Die beiden Teile am oberen Rand zusammennähen und wenden, die Wendeöffnung zunähen und bügeln. Das Futter so in den Beutel stopfen, dass am oberen Rand 2 mm Futterstoff sichtbar bleiben. Bügeln. Nähen Sie zwei parallele Nähte für den Tunnelsaum, und achten Sie darauf, dass die 1,5 cm breite Öffnung exakt zwischen diesen Nähten liegt. Zum Schluss die Schnur einfädeln.

A

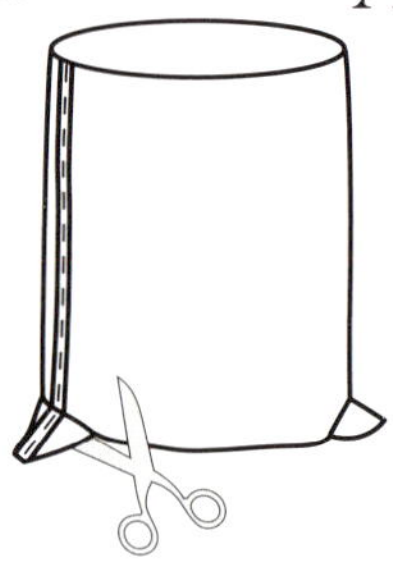

Kleine Spitztüten

Die Vorlage finden Sie auf dem Schnittmusterbogen hinten im Buch.

Übertragen Sie die Vorlage auf den doppeltliegenden Stoff. Legen Sie die mit Stoffbruch gekennzeichnete Seite an die gefaltete Stoffkante an. Schneiden Sie je ein Teil Stoff, ein Teil Vlieseline und ein Teil Futterstoff aus. Bügeln Sie die Vlieseline an den Außenstoff. Wenn Sie die Spitztüte mit einer Spitzenborte verzieren möchten, bringen Sie sie jetzt an. Legen Sie dazu die Spitze auf der rechten Stoffseite bündig an den oberen gebogenen Rand an und heften Sie sie fest. Legen Sie den Futterstoff rechts auf rechts auf den Außenstoff und nähen Sie die Lagen am oberen Bogen entlang zusammen. Fahren Sie mit dem Zusammennähen fort, wie bei den »Spitztüten mit Namen« auf S. 58 beschrieben. Befestigen Sie eine Schnur als Aufhänger.

SIE BRAUCHEN

Baumwollstoffe
Futterstoff
Volumenvlieseline
Schnur für Aufhänger
Spitzenband

Stoffbonbons

Schneiden Sie ein Stück Wellpappe, 6 x 18 cm, und ein Stück Volumenvlies, 6 x 10 cm zu. Rollen Sie die Pappe auf und wickeln Sie eine Lage Volumenvlies darum. Mit Klebeband befestigen. Schneiden Sie ein Stück Stoff von 19 x 24 cm zu und bügeln Sie die Kanten der kurzen Seite 3 cm mit Vliesofix nach innen. Ebenso eine lange Seite umbügeln, aber nur 1 cm. Wickeln Sie nun den Stoff um den Karton. Beginnen Sie mit der langen Seite, wo die Schnittkante sichtbar ist. Schnüren Sie den Stoff am Ende des aufgerollten Kartons mit einem Band zusammen und befestigen Sie dann einen Aufhänger aus Faden oder Band. Binden Sie dekorative Schleifen darum.

SIE BRAUCHEN

- Verschiedene Baumwollstoffe
- Band o. Ä.
- Wellpappe
- Volumenvlies
- Vliesofix

Engel aus Holz

Die Vorlage finden Sie auf S. 111 hinten im Buch.

Übertragen Sie Engel, Flügel und Herz aus der Vorlage auf eine Sperrholzplatte und sägen Sie die Teile aus. Bohren Sie, wie an den Händen der Engel und am Herz markiert, 2 mm große Löcher in das Holz, um das Herz mit Draht am Engel zu befestigen. An beiden Seiten des Kopfes werden 1 mm große Löcher gebohrt, um den Haardraht zu befestigen. Schmirgeln Sie alle Flächen und Ränder.

SIE BRAUCHEN

- Sperrholzplatte, 4 mm dick
- Draht
- Bastelfarbe
- Braunes Stempelkissen
- Embossing-Pulver

Grundieren Sie den gesamten Engel zuerst mit der Farbe, die das Kleid haben soll. Wir haben Weiß und Türkis genommen. Zeichnen Sie mit einem Bleistift dünn den Übergang zu Gesicht, Schürze, Händen und Füßen ein. Malen Sie Gesicht, Hände und Füße mit Hautfarbe an. Für die Schürzen wurde hier Beige, Weiß oder Rot verwendet. Die Herzen sind rot, braun oder beige. Für den Text auf den Herzen wenden Sie die Embossing-Technik an (s. S. 9). Der Engel mit der beigen Schürze hat ein mit wasserfester Farbe gemaltes Muster aus Kringeln. Auf der weißen Schürze sind braune Punkte, sie wurden mit einem Stecknadelkopf aufgedruckt. Der dritte Engel hat gestempelte Sterne auf der roten Schürze.

MONTAGE

Das Herz wird mit dünnem Draht am Engel befestigt. Formen Sie als Erstes das eine Drahtende zu einer Art Spirale, indem Sie den Draht um eine dünne Stricknadel wickeln. Ziehen Sie den Draht durch das rechte Herzloch (Spirale auf der Vorderseite) und formen Sie ein Herz, ehe Sie das andere Drahtende von vorn durch das Loch der rechten Hand schieben. Sie befestigen den Draht, indem Sie auf der Rückseite als Abschluss ebenfalls eine Spirale formen. Das Ganze auf der linken Seite wiederholen.

Für das Haar den Draht zu Spiralen winden und die Enden in den seitlichen Löchern am Kopf befestigt. Nehmen Sie etwas Kleber, damit die Drahtenden besser in den Löchern halten. Betupfen Sie die Kanten des Engels und der Flügel mit einem kleinen Schwamm mit Stempelfarbe (s. S. 9). Kleben Sie die Flügel an.

Zum Schluss bekommt der Engel noch Augen (am besten mit wasserfester Tusche auftragen) und rosige Wangen (mit Pinsel und rosa Farbe von einem Stempelkissen auftupfen).

God Jul
God Jul

God Jul
God Jul

Love

Selbstgebastelter Christbaumschmuck ist ein schönes Geschenk. Fertigen Sie eine hübsche Schachtel an, in die Sie ein paar Herzen, Sterne, kleine Spitztüten oder Bonbons legen. Ist der Baum geschmückt, kann Weihnachten eingeläutet werden …

JUL

Weihnachtsbaumdecke mit Gabensack

Die Vorlage für die Schneemann-Applikation finden Sie auf S. 108, für die Herz-Applikation und die Decke auf dem Schnittmusterbogen hinten im Buch.

Zeichnen Sie die Vorlage für die Decke ab und legen Sie sie auf den Stoff (Fadenlauf beachten). Schneiden Sie acht gleiche Teile zu. Auf vier Teilen wird je ein Herz appliziert, auf die übrigen vier je ein Schneemann. Die Motive werden mit Vliesofix auf den Stoff gebügelt.

Übertragen Sie vier Schneemänner, vier Schals und vier Herzen auf Vliesofix (s. S. 7, Applikationen). Plazieren Sie die Herzen und Schneemänner 6 cm vom Bogenrand entfernt auf den Decken-Achteln. Umsticken Sie die Motivränder mit Langettenstich. Alle Stickarbeiten auf der Unterlage werden mit drei Fäden gearbeitet. Beim Schneemann sind die Zweige auf dem Kopf und die Arme mit Stielstich gestickt, die Augen im Knötchenstich, die Karottennase mit Plattstich. Der Bauch ist mit zwei Kreuzen verziert.
Wenn alle Teile fertig appliziert sind, werden sie zusammengenäht, zunächst jeweils zwei Decken-Achtel, das mit Herz links, mit Schneemann rechts. Dämpfen Sie die Nahtzugaben und sticken Sie auf der Vorderseite mit Rückstichen links und rechts an der Naht entlang (s. Abb. A). Nähen Sie nun zwei »Viertel« zusammen, dämpfen Sie die Nahtzugabe und sticken Sie mit Steppstich links und rechts an der Naht entlang. Verfahren Sie ebenso mit den zwei letzten »Vierteln« und dämpfen Sie die fertige Decke.

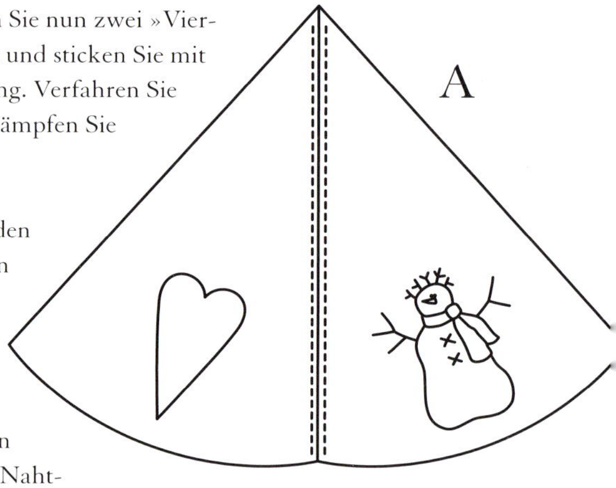

Legen Sie die Decke mit der Vorderseite auf den Leinenstoff, der als Futter dient, und streichen Sie sie mit den Händen glatt. Schneiden Sie den Futterstoff in der Größe der Decke aus und nähen Sie die Stofflagen am Rand der Decke zusammen, dabei eine ca. 25 cm große Öffnung zum Wenden offen lassen. Schneiden Sie um die ganze Decke kleine Kerben in die Nahtzugabe. Das Ganze wenden und die Wendeöffnung per Hand vernähen. Dämpfen Sie alle Nähte, damit die Decke keine Falten wirft. Heften Sie die Stofflagen über die Fläche verteilt aneinander, damit sie nicht verrutschen. Nähen Sie jetzt in der Mitte der Nähte, mit denen die einzelnen Teile zusammengenäht wurden, jeweils eine weitere Naht. Sie sollte nur auf der Unterseite sichtbar sein. Zum Schluss den Rand der Decke im Heftstich mit einer Steppnaht verzieren (s. Bild oben).

SIE BRAUCHEN

- Wattierten Leinenstoff
- Weißen Leinenstoff für Schneemänner
- Roten Leinenstoff für Herzen
- Karierten Stoff für Schal
- Vliesofix
- Stickgarn
- Leinenstoff für die Rückseite

Gabensack

Schneiden Sie für den Sack je zwei Stoffteile und zwei Innenfutterteile à 34 x 42 cm zu. Als Außenstoff sollte der gleiche wie für die Weihnachtsbaumdecke genommen werden. Das obere Schnürbündchen besteht jedoch aus einfachem Leinen. Schneiden Sie für das Schnürbündchen einen Stoffstreifen von 18 x 66,5 cm zu. Übertragen Sie das Herz aus der Vorlage auf Vliesofix, bügeln Sie es auf den Stoff für das Herz und schneiden Sie es aus. Legen Sie es anschließend 9 cm vom unteren Rand entfernt auf die rechte Seite in die Mitte des einen Stoffteils. Umsticken Sie das Herz im Langettenstich. Wenn Sie mögen, können Sie eine Jahreszahl neben das Herz sticken (s. Foto). Legen Sie nun die Stoffteile rechts auf rechts aufeinander und nähen Sie sie zusammen. Wiederholen Sie das Ganze mit dem Futterstoff, Wendeöffnung nicht vergessen. Bügeln Sie beide Teile. Wenden Sie den Futterteil und stecken Sie den Stoffteil mit den linken Seiten aneinander in den Innenfuttersack.

Nähen Sie den oberen Rand und den Rest wie beim »Geschenksack« auf S. 74 beschrieben.

Geschenkverpackungen

Geschenke zu bekommen, macht Kindern und Erwachsenen gleichermaßen Freude. Und besonders schön ist es ein Geschenk zu erhalten, das mit viel Liebe verpackt ist. So etwas muss gar nicht übermäßig viel Zeit kosten, wie man an den Beispielen hier sehen kann: Mit Bastbändern, Zellophan, besonderem Geschenkpapier und gestempelten, handgemachten Päckchenanhängern ist das (Ge)schenkeglück für Schenkenden und Beschenkten noch größer.

Hübsche Stoffverpackungen

Die in der Anleitung angegebenen Maße der Geschenksäckchen können selbstverständlich der Größe des jeweiligen Inhalts angepasst werden. Sackstoff und Futterstoff für die Säckchen mit Etikett werden in der gleichen Größe zugeschnitten.

Säckchen mit Namen

Schneiden Sie ein Stück Stoff für den Sack (23 x 70 cm) und ein Stück Stoff für den oberen Schnürrand (16 x 44,5 cm) zu. Schneiden Sie außerdem noch ein Stück Quiltvlies 8 x 11 cm sowie ein Stück Leinenstoff mit den Maßen 10 x 13 cm zu. Darauf wird der Name gestickt. Übertragen Sie die benötigten Buchstaben aus dem Alphabet auf S. 9 auf ein Butterbrotpapier o. Ä. und danach zusammen mit dem kleinen Herz unten auf dieser Seite auf den Stoff (s. S. 6). Legen Sie das Quiltvlies mittig unter den Leinenstoff und sticken Sie das Motiv mit Stielstich. Schlagen Sie den Stoff 1 cm nach hinten um und bügeln Sie den Umschlag. Umsäumen Sie den Flicken 3 mm vom Rand mit Rückstichen. Jetzt den fertigen Flicken ca. 15 cm vom oberen Rand entfernt auf den Sack nähen. Arbeiten Sie nun den Sack wie in der Anleitung für den »Geschenkesack« auf S. 74 beschrieben

SIE BRAUCHEN

- Stoff für Säckchen
- Futterstoff für die Säckchen mit Etikett
- Stoff für Schnürbündchen
- Leinenstoff
- Quiltvlies
- Stickgarn
- Schnur, Band

Säckchen mit Etikett

Schneiden Sie ein Stück Stoff und ein Stück Futterstoff mit den Maßen 21 x 52 cm zu.

ETIKETT
Die Größe des Etiketts richtet sich nach der Stempelgröße. Stempeln Sie das Motiv auf hellen Stoff (s. S. 9). Schneiden Sie den Stoff in der gewünschten Größe aus, schlagen Sie die Schnittkante 1 cm nach hinten um und bügeln Sie den Umschlag.

SACK
Plazieren Sie den Flicken auf der Vorderseite des Sacks und nähen Sie ihn mit einer Maschinennaht am äußeren Rand fest. Legen Sie den Stoff doppelt (rechts auf rechts), nähen Sie die Seiten zu. Legen Sie den Futterstoff doppelt (rechts auf rechts) und nähen Sie die Seiten zu. Dabei 5 cm für die Wendeöffnung offen lassen! Bügeln Sie die Nahtzugaben auseinander. Falten Sie die Ecken wie beim »Beutel für Ausstechformen« auf S. 80 und nähen Sie die Quernähte 2,5 cm von der Spitze entfernt. Wenden Sie das Innenfutter und stecken Sie es so in den Außenteil, dass die rechten Seiten aneinander- und die Kanten oben übereinanderliegen. Wenden Sie nun den Sack und nähen Sie die Öffnung im Futter zu. Drücken Sie das Futter so in den Sack, dass am oberen Rand 2 mm Futterstoff sichtbar bleiben. Bügeln.

Säckchen mit Fransen-Etikett

Schneiden Sie je ein Stück Stoff und ein Stück Futterstoff mit den Maßen 24 x 64 cm zu.

ETIKETT
Es hängt von der Größe des Stempelmotivs ab, wie groß das Stoffetikett sein muss. Stempeln Sie ein Motiv auf hellen Stoff (s. S. 9). Schneiden Sie den Flicken in der gewünschten Größe zu, schlagen Sie den Rand an allen Seiten 1 cm nach hinten um und bügeln Sie den Umschlag. Legen Sie den Flicken auf ein Stoffstück aus Leinen, das an allen Seiten 1 cm länger ist als das Etikett. Nähen Sie die beiden Flicken 17 cm vom oberen Rand entfernt auf die Vorderseite. Ziehen Sie bei dem überstehenden Leinenstreifenrahmen an den Schnittkanten die Querfäden heraus, so dass eine Fransenkante entsteht.

Der Sack wird genäht wie der »Beutel für Ausstechformen« auf S. 80. Allerdings werden bei diesem Säckchen die Bodenecken nicht eingeklappt.

Mit hübschen Klammern aus Draht, Holz o. Ä. und Bändern bekommen die Säckchen zugleich einen originellen Verschluss und eine besondere Verzierung.

Weihnachtsgrüße an der Schnur

Schneiden Sie kartoniertes Papier auf 10,5 x 14,5 cm zu. Bestempeln Sie die ganze Karte mit Text und Schneeflocken, die farblich zur Farbe des Herzens passen. Schneiden Sie mit einem Pappmesser o. Ä. 4 cm entfernt von der oberen Kante waagerecht einen 6,5 cm langen Schnitt in die Karte, danach 8 cm entfernt von der oberen Kante einen weiteren 4 cm langen Schnitt. Schneiden Sie das Herz aus und bohren Sie ein Loch für die Schnur. Das Herz auf dieser Seite wurde mit einem Distress-Schwämmchen bearbeitet.

Schneiden Sie ein Stück kartoniertes Papier von 9 x 28 cm zu. Stempeln Sie ein Motiv diagonal darauf und schneiden Sie das Motiv aus (s. Foto). Falten Sie die Karte und stechen Sie unter der oberen Kante in der Mitte zwei Löcher durch Vorder- und Rückseite. Fädeln Sie Bastband durch die Löcher und binden Sie eine Schleife. Wenn Sie mögen, können Sie nun noch einen Text auf die Karte stempeln.

Når nettene blir lange
og kulda setter inn,
så sender jeg et julekort til
venneflokken min...
Wenn die Nächte
länger werden,
und die Kälte
bricht herein,
schick ich einen
Weihnachtsgruß,
an alle lieben
Freunde mein'.

Reißen Sie ein Stück kartoniertes Papier von 15 x 20 cm zu und falten Sie die Karte in drei Teile. Im Mittelteil der Karte soll eine Lasche sein, in der ein Anhänger steckt. Für die Lasche aus demselben Karton einen Streifen von 6 x 10 cm zuschneiden und die obere Kante schräg abreißen. Bearbeiten Sie das Blatt für die Lasche mit einem Stempelschwämmchen, ehe Sie es mit doppelseitigem Klebeband in die Klappkarte kleben. Schneiden Sie nun einen Anhänger zu, mit Loch und Anhängerband, der in die Lasche passt. Jetzt die restliche Karte mit dem Schwamm bearbeiten und Schneeflocken auf die Karte stempeln. Schneiden Sie ein Herz aus Wellpappe aus und stechen Sie zwei Löcher in die Mitte wie bei einem Knopf. Fädeln Sie Bast durch die Löcher und »verschließen« Sie die Karte mit einer Schleife auf dem Herz.

Schneiden Sie ein Stück braunen Karton (15 x 30 cm) zu und falten Sie die Karte. Schneiden Sie Dekopapier (12,5 x 12,5 cm) zu und kleben es auf die Karte. Embossen Sie eine braune Pfefferkuchenfigur mit weißem Pulver (s. Embossing S. 9). Schneiden Sie die Figur aus und kleben Sie sie auf die Karte (s. Foto). Binden Sie eine Schleife aus Bast und Naturschnur. Wickeln Sie einen dünnen Draht zu einer Spirale und um die Schleife. Jetzt die Schleife an der Karte festkleben und einen gestempelten Mini-Anhänger an die Schleife binden.

Tipp

Die Spiralen lassen sich gut drehen, wenn man den Draht um eine Stricknadel wickelt.

Kartenhalter

Die Vorlage finden Sie auf dem Schnittmusterbogen hinten im Buch.

Übertragen Sie die Vorlagen für das Herz und die Rückseite des Kartenhalters auf eine Sperrholzplatte. Für den Boden brauchen Sie ein Stück Holz von 3 x 13 cm, ca. 1 cm dick. Sägen Sie die Teile aus und schmirgeln Sie sie. Alle Teile bemalen und die Kanten schmirgeln, wenn die Farbe trocken ist. Stempeln Sie einen Vers auf das Herz (s. S. 9, Embossing). Leimen Sie die Teile zusammen und drücken Sie sie gut zusammen, bis der Leim trocken ist.

SIE BRAUCHEN

- Sperrholzplatte, 4 mm dick
- Holzsockel
- Stempel
- Bastelfarbe
- Embossing-Pulver

Schneiden Sie kartoniertes Papier auf 10 x 27 cm zu. Falten Sie das Papier so, dass die vordere Seite 13 cm lang, also einen Zentimeter kürzer als die Rückseite ist, und kleben Sie die Seiten mit schmalem, doppelseitigem Klebeband fest. Kleben Sie am Falz einen Papierstreifen auf, der an der einen Langseite gerissen ist (s. Foto). Schneiden Sie nun einen Anhänger von 7,5 x 14 cm zu. Stempeln Sie ein Motiv Ihrer Wahl auf die Karte und den Anhänger. Kleben Sie einen kleinen Papierfetzen an den oberen Rand und stechen Sie ein Loch für die Schnur. Betupfen Sie die Flächen mit einem Distress-Stempelkissen. Schieben Sie nun den Anhänger in die Karte (s. großes Foto S. 94/95).

Basteln Sie einen hübschen Anhänger mit einem Pfefferkuchenrezept für selbstgebackene oder genähte Pfefferkuchen.

Schneiden Sie kartoniertes Papier auf 10 x 30 cm zu. Reißen Sie an einem Ende einen Streifen von ca. 0,5 cm ab und falten Sie die Karte wie in der Abb. und auf dem großen Foto S. 95 zu sehen. Stechen Sie 12 mm vom Falz entfernt zwei Löcher durch den Karton. Stempeln Sie ein Motiv auf die Vorderseite. Bearbeiten Sie die Karte mit einem Distress-Stempelkissen. Befestigen Sie das kurze, gefaltete Ende mit Brads (runde Miniklammern) durch die Löcher.

Auf dem Foto ist die Karte zu sehen, bevor sie geschlossen wird. Auf S. 95 sieht man die Karte geschlossen.

Schneiden Sie kartoniertes Papier auf 15 x 30 cm zu. Falten Sie die Karte und stempeln Sie Schneeflocken auf die Vorderseite. Schneiden Sie nun ein Stück hellen Karton aus (6,5 x 10,5 cm). Kleben Sie es auf ein Stück Karton in einer kontrastierenden Farbe und schneiden Sie den Rand bis 2 mm vor dem hellen Karton ab. Stempeln Sie ein Motiv auf den hellen Karton.

TIPP

Wenn Sie mehr als nur einen weihnachtlichen Kartengruß verschicken wollen, legen Sie doch einen Gewürzbeutel dazu. Verpacken Sie die Karte und den Gewürzbeutel in einen Zellophanumschlag und kleben Sie ein Adresskärtchen auf den Umschlag.

Schneiden Sie hellen Kartenkarton auf 10 x 30 cm zu und falten und schneiden Sie ihn zu, wie auf dem Foto zu sehen. Das endgültige Maß der Karte beträgt 14 x 10 cm. Schneiden Sie einen 4 cm breiten und 31 cm langen Streifen Wellpappe zu und kleben Sie ihn mittig auf die Karte. Schneiden Sie helles Dekopapier auf 8 x 8 cm zu und kleben Sie es auf ein kontrastfarbenes Stück Kartenkarton. Schneiden Sie den Hintergrundkarton so zu, dass 2 mm Rand überstehen. Stempeln Sie ein Motiv auf das helle Papier und kleben Sie das Viereck auf die Karte. Falten Sie die Karte und binden Sie sie mit Bastband zusammen.

Schneiden Sie Kartenkarton auf 10 x 21 cm zu. Beschneiden Sie die Längsseite und falten Sie sie zu drei gleichen Teilen, so dass die Karte am Ende 7 x 10 cm misst. Der rechte Teil wird als Lasche auf das Mittelteil geklebt. Verwenden Sie dafür doppelseitigen Klebestreifen. Schneiden Sie eine kleine Karte zu, 6 x 9,5 cm, die in die Lasche gesteckt wird. Stechen Sie ein Loch hinein und fädeln Sie Bastband ein. Dekorieren Sie die Vorderseite mit Deko-Papier. Reißen Sie eine Streifen helles Papier zu, stempeln Sie einen Text darauf und betupfen Sie ihn mit einem Stempelschwamm. Schräg aufkleben und mit einem Brad und einer Bindfadenschleife verzieren.

Haben Sie mehr zu schreiben, als auf einer Weihnachtskarte Platz hat? Dann schreiben Sie doch einen Weihnachtsbrief, falten Sie das Blatt wie eine Ziehharmonika und kleben Sie es innen in die Karte (s. Foto). Verschließen Sie die Karte, indem Sie ein Band, einen Bindfaden o. Ä. darum knoten.

Päckchenanhänger

Ein selbstgestalteter Päckchenanhänger gibt dem Geschenk eine persönliche Note und macht es zu etwas Besonderem. Und solche Anhänger sind mit wenig Aufwand schnell gemacht. Die Vorlage für die Anhänger rechts finden Sie auf S. 107 hinten im Buch.

Schneiden Sie einen Anhänger aus und stempeln Sie ein Motiv und Text darauf. Tupfen Sie mit einem Schwämmchen Farbe von einem Distress-Stempelkissen auf. Stechen Sie ein Loch und knoten Sie Bastband hinein.

Stempeln Sie mit einem länglichen Stempel ein Motiv auf Recycling-Papier. Schneiden Sie das Motiv mit etwas »Luft« darum herum aus. Tupfen Sie mit einem Schwämmchen etwas Farbe von einem Distress-Stempelkissen auf. Kleben Sie das Blatt auf ein Stück Kartenkarton in einer kontrastierenden Farbe, und schneiden Sie ihn bis 2 mm an den Rand des aufgeklebten Motiv-Papiers heran zu. Stechen Sie ein Loch für ein Stück Schnur in eine Ecke.

Schneiden Sie einen Kreis aus kartoniertem Papier aus, danach einen Anhänger, auf den Sie ein Motiv und/oder Text stempeln. Tupfen Sie mit einem Schwämmchen Farbe von einem Distress-Stempelkissen auf, um dem Anhänger ein älteres Aussehen zu geben. Kleben Sie den Anhänger auf den Kreis und stechen Sie ein Loch für eine Schnur hinein.

Für dieses Kärtchen wurde ein Aufkleber als Dekor benutzt. Suchen Sie sich erst den Aufkleber aus und schneiden Sie dann den Anhänger in der passenden Größe dazu aus. Kleben Sie den Aufkleber auf ein Stück Deko-Papier und schneiden oder reißen Sie die Ränder so weit ab, dass Sie einen schmalen Rand um den Aufkleber bilden. Nun auf den Anhänger kleben, ein Herz ausschneiden und aufkleben. Stechen Sie ein Loch und fädeln Sie ein Stück Schnur ein.

Sägen Sie ein Sperrholzherz (s. Vorlage hinten im Buch) aus. Schmirgeln Sie das Herz und bemalen Sie es in einer zum Geschenkpapier passenden Farbe. Stempeln Sie ein hübsches Motiv auf, und schon haben Sie einen individuellen Geschenkanhänger.

Adventsbaum

Die Vorlage für den Baum finden Sie auf dem Schnittmusterbogen hinten im Buch.

SIE BRAUCHEN

Für den Kalender:
Holzbrett, 60 cm breit, 18 mm dick
Schwarze Nägel
Beize

Für Kalendersäckchen:
Verschiedene Baumwollstoffe
Vliesofix
Band/Schnur

Ein Adventskalender hilft, die Wartezeit bis Weihnachten zu verkürzen. Sie müssen nicht unbedingt 24 Geschenksäckchen nähen, man kann die kleinen Geschenke auch unverpackt anhängen, etwa Stoff-Bonbons, in die man ein Glückslos schiebt o. Ä.

Übertragen Sie die Baumvorlage auf die Holzplatte. Markieren Sie die Punkte, an denen Nägel eingeschlagen werden sollen. Sägen Sie den Baum aus. Schmirgeln Sie die Fläche und die Ränder. Beizen Sie den Baum in der gewünschten Farbe. Sobald die Beize trocken ist, können Sie die schwarzen Nägel für die Aufhänger einschlagen. Drehen Sie an der Rückseite mit 25 cm Abstand als Aufhänger zwei Schrauben in das Holz und spannen Sie dünnen Draht zwischen die Schrauben.

KALENDERSÄCKCHEN

Schneiden Sie ein Stück Stoff auf 10 x 35 cm zu. Falten Sie den Stoff doppelt rechts auf rechts und nähen Sie die Seiten zu. Versäubern Sie die Nahtzugaben und den oberen Rand mit Zickzackstich, damit sie nicht ausfransen. Schneiden Sie einen 3 cm breiten Streifen Vliesofix und bügeln Sie den oberen Rand darüber. Das Säckchen wenden und bügeln. Nun noch ein Geschenk in das Säckchen stecken und es mit einem Band oder Bast verschnüren.

KALENDERANHÄNGER

Schneiden Sie 24 kleine Paketanhänger aus. Stempeln Sie die Zahlen von 1 bis 24 und ein paar hübsche Weihnachtsmotive darauf. Bearbeiten Sie die Anhänger mit einem Distress-Schwamm, damit sie älter aussehen.

Die Anleitung für Stoffbonbons finden Sie auf S. 83.

22
7
God Jul
2
6
14
9
20

Sack mit »Stiefelchen«

SIE BRAUCHEN

- Stoff für Sack und Innenfutter
- Diverse Stoffe für Stiefelchen
- Schnur
- Füllwatte

Die Vorlage für die »Stiefelchen« finden Sie auf S. 68.

Anstatt einen Geschenkstrumpf ans Bett zu hängen, können Sie auch diesen Sack mit kleinen Stiefelchen als Dekoration nähen – eine hübsche Überraschung für Kinder am Weihnachtsabend.

STIEFELCHEN

Legen Sie den Stoff doppelt und übertragen Sie die Vorlage von S. 68 auf den Stoff. Wendeöffnung markieren. Den Stiefel entlang der Umrisslinie zusammennähen, wenden und bügeln. Mit Watte füllen. 5 cm Schnur für den Aufhänger zuschneiden. Die Schnur zu einer Schlaufe legen, die Enden in die Wendeöffnung schieben und die Öffnung zunähen. Zehen, Ferse und Stiefelrand mit Zierstichen versehen.

SACK

Schneiden Sie je ein Teil Stoff und ein Teil Futterstoff zu, 84 cm hoch und 32 cm breit. Dazu eine Schnur von 3 cm Länge, an der werden die Stiefel aufgehängt.

Ziehen Sie die Stiefel auf die Schnur. Legen Sie nun den Stoffteil für den Sack doppelt rechts auf rechts und schieben Sie die Schnur mitsamt Socken zwischen die Stofflagen. Stecken Sie die Enden der Schnur auf beiden Seiten 19 cm vom oberen Rand entfernt mit einer Stecknadel fest. Nähen Sie die Seitennähte zusammen, aber lassen Sie 5 cm vom oberen Rand entfernt für die Öffnung des Tunnelsaums auf beiden Seiten 1,5 cm offen. Die Nahtzugaben auseinanderbügeln. Legen Sie jetzt den Futterstoff doppelt rechts auf rechts. Nähen Sie die Seitennähte zu, lassen Sie aber eine Wendeöffnung offen. Bügeln Sie die Nahtzugaben auseinander und wenden Sie das Innenfutter. Schieben Sie den Futterstoff rechts gegen rechts in den Sack und nähen Sie die Teile zusammen. Wenden Sie den Sack und schließen Sie die Wendeöffnung. Drücken Sie den Futterteil so in den Stoffteil, dass ein kleiner Rand des Futterstoffes zu sehen ist, bevor sie den Rand bügeln. Nähen Sie zwei parallele Nähte für den Tunnelsaum und achten Sie darauf, dass die Öffnungen zwischen diesen Nähten liegen. Ziehen Sie die Schnur ein wie beim Eierwärmersäckchen auf S. 36. Verknoten Sie die Enden der Schnur.

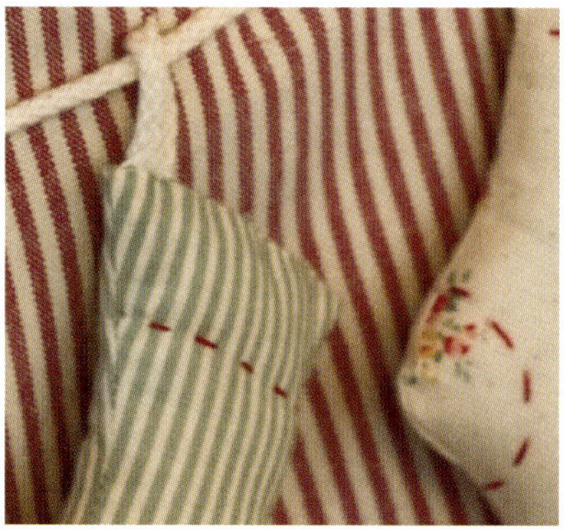

GOD JUL
A very jolly Christmas to you all

Türkranz

HERZEN
Legen Sie den Stoff doppelt und übertragen Sie drei kleine Herzen aus der Vorlage (Herz Nr. 1 auf dem Schnittmusterbogen). Wendeöffnung markieren. Nähen Sie die Figuren entlang der Umrisslinie zusammen und schneiden Sie sie aus. Schneiden Sie Kerben in die Nahtzugabe und wenden Sie die Herzen. Bügeln und mit Watte füllen. Zum Schluss die Wendeöffnung zunähen.

ZUCKERSTANGEN
Nähen Sie drei Zuckerstangen in der kleinsten Größe. Die Beschreibung steht auf S. 45.

SIE BRAUCHEN

Nadelkranz,
Durchmesser ca. 50 cm
Baumwollstoff
Leinenstoff
Füllwatte
Klebepistole

Hier sehen Sie als Variante einen Kranz aus Zweigen mit genähten Sternen. Die Beschreibung finden Sie auf S. 10.

Die Herzen und Zuckerstangen werden mit einer Klebepistole am Kranz befestigt.
Auch kleine weiße Wattekugeln o. Ä. verleihen ihm ein winterweihnachtliches Aussehen.

Adressen und Bezugsquellen

STOFFE UND
NÄHZUBEHÖR

CHARLOTTA'S
Zauberhafte Stoffe
Eppendorfer Weg 229
20251 Hamburg
www.charlottas.de

Frau Tulpe
Veteranenstraße 19
10119 Berlin
und neu:
Große Bergstraße 213
22767 Hamburg
www.frautulpe.de

Quiltzauberei
Marschallstr. 9
46539 Dinslaken
www.quiltzauberei.de

Stoffekontor
Druckereistraße 4
04159 Leipzig
www.stoffekontor.de

STEMPEL, STEMPEL-
KISSEN, EMBOSSING,
BRADS u.v.m.

www.scrapbook-king.de
www.scrapbooking-papier.de
www.stempelmeer.de

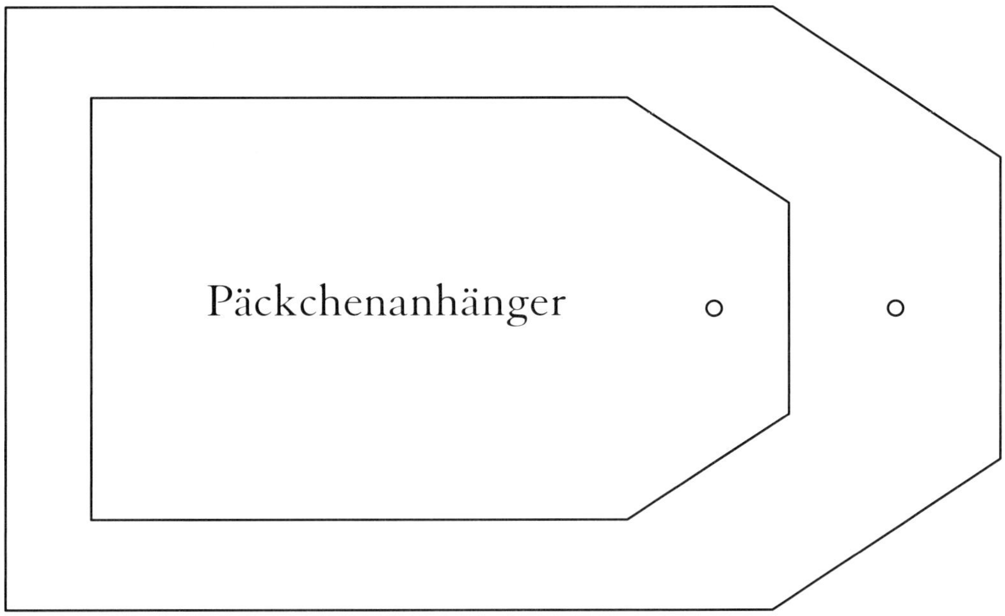

Applikation Tannenbäume
für Eiskratzerfäustlinge

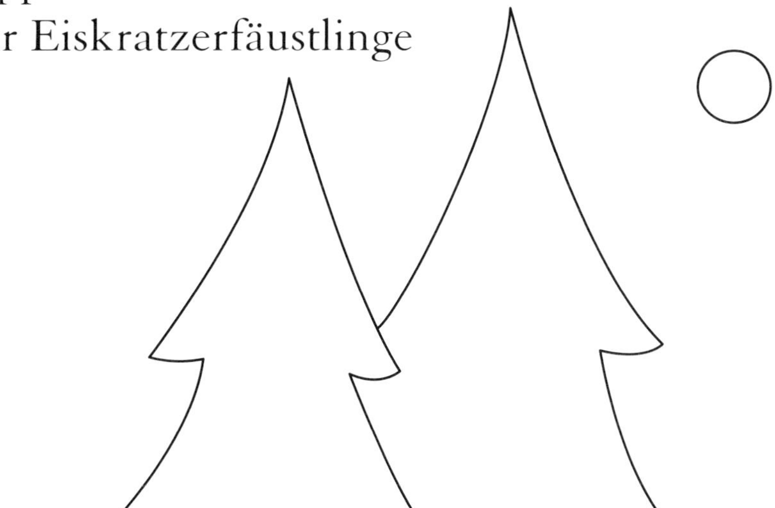

Mini-Weihnachtsbaum

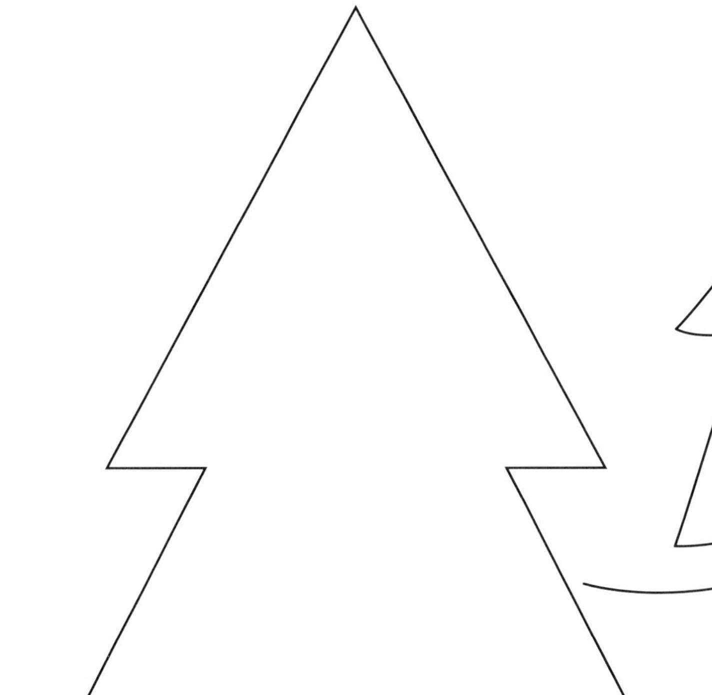

Applikation Schneemann für Weihnachtsbaumdecke

Zipfelmützen
für großen
und kleinen
Schneeman

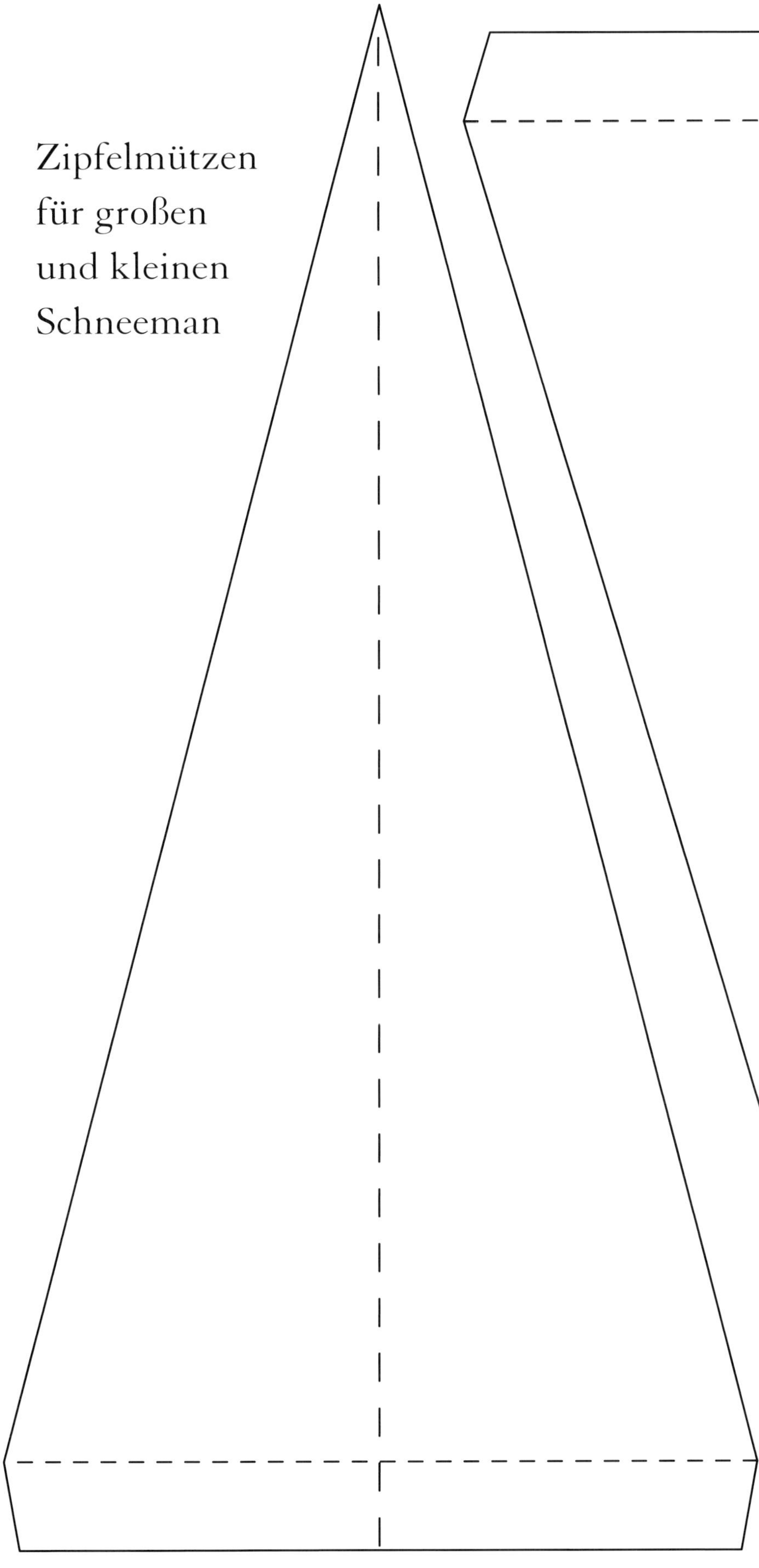

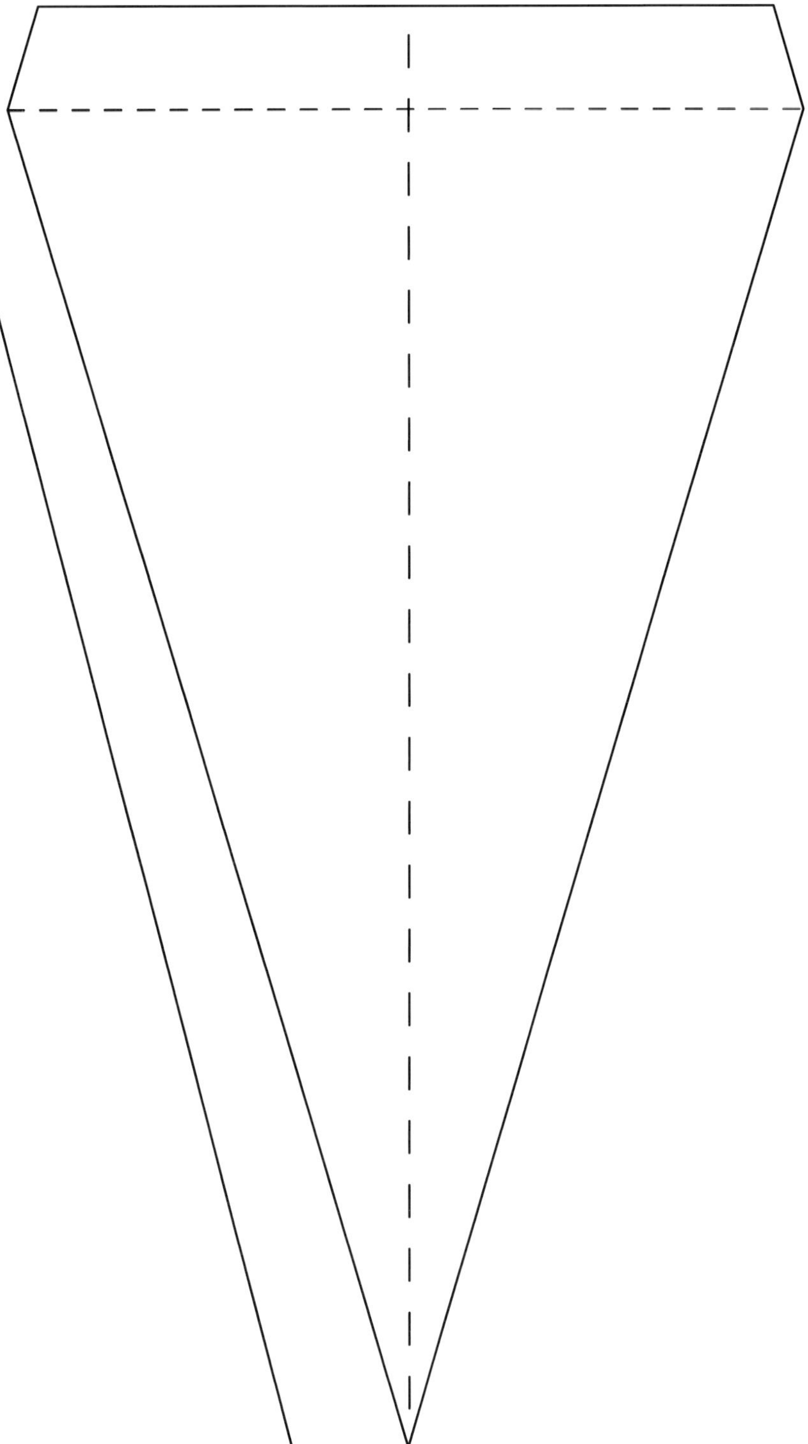

Kleine und große Maus

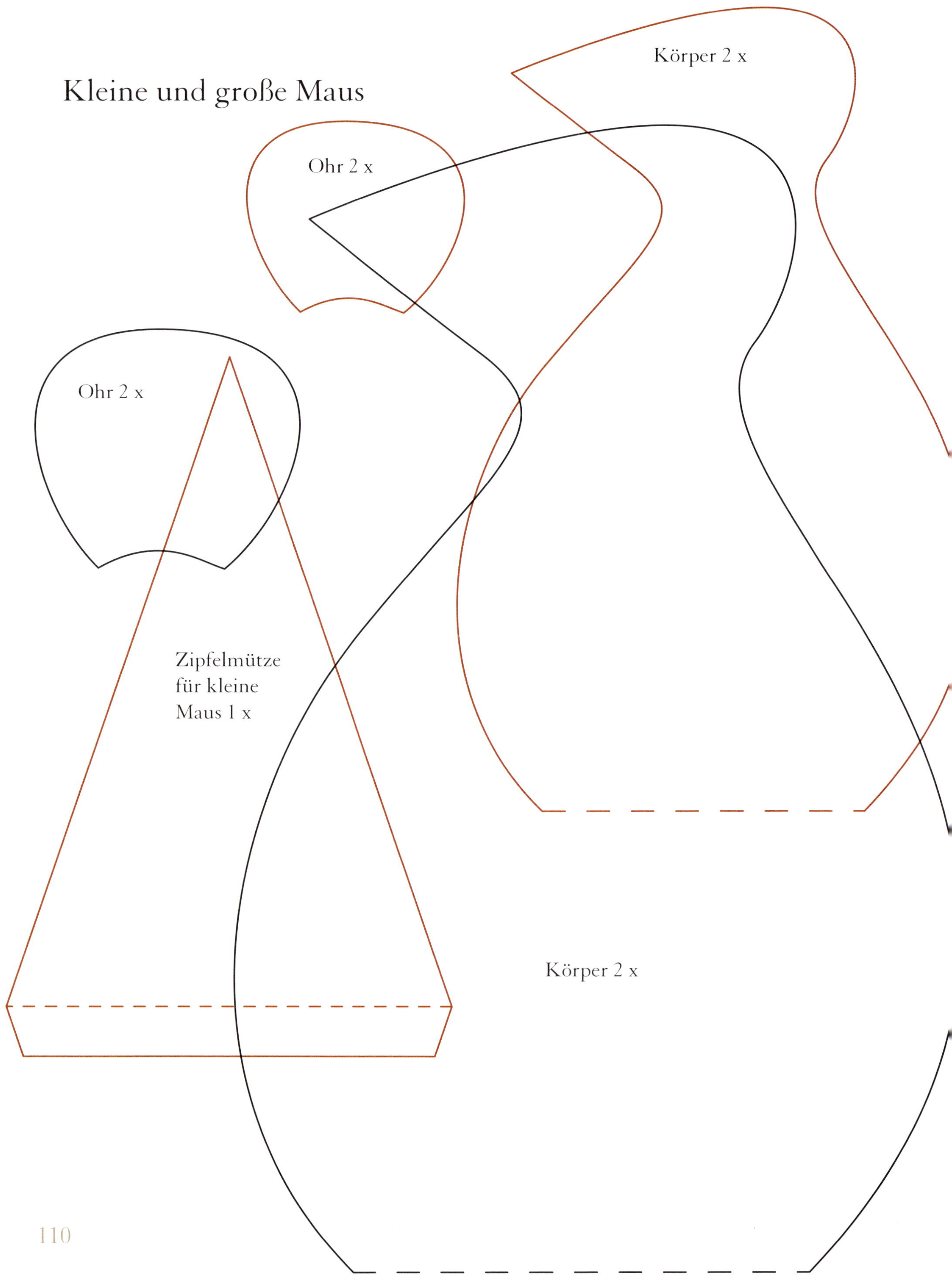

Engel aus Holz

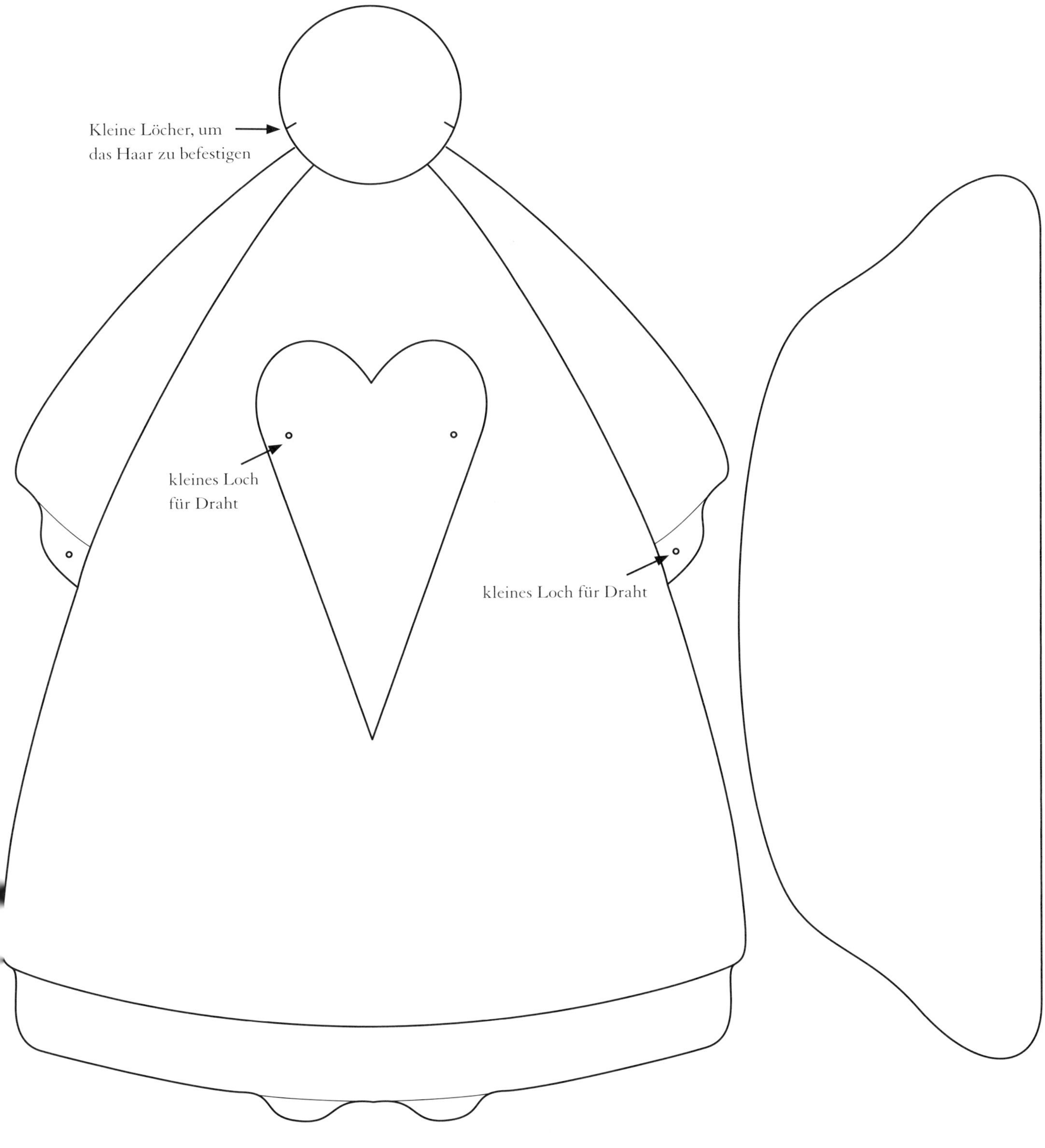

Stickvorlage für Kissen mit Herzmotiv